HYPNOTHERAPY

潜在意識に効く！

催眠療法

池袋YM心理センター代表
武藤安隆 著

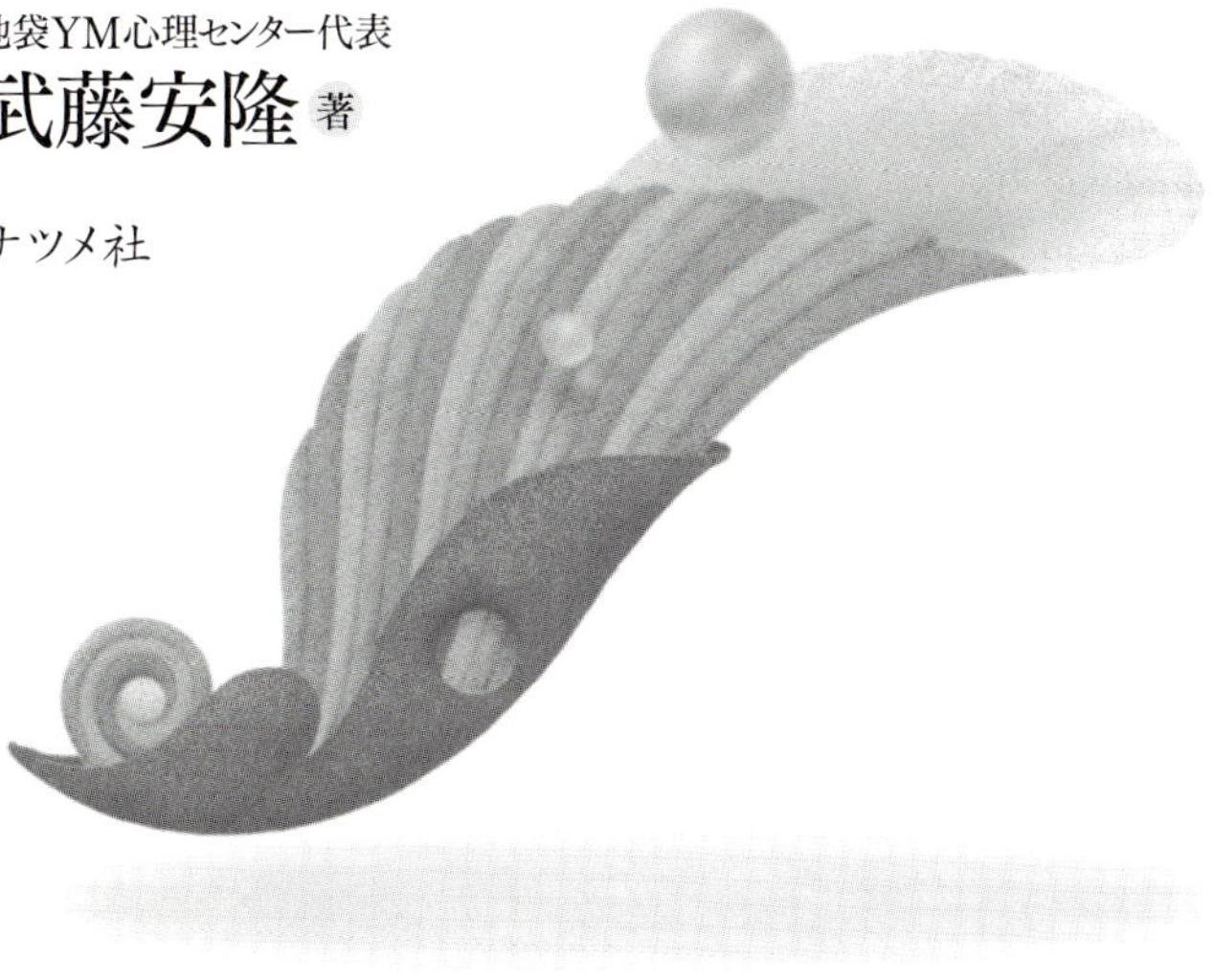

ナツメ社

はじめに

本書は自己催眠ならびに他者暗示の本です。

筆者はこれまで「自己催眠」と「人生が楽しくなる105の魔法の言葉」（いずれもナツメ社刊）を通して、さまざまな自己催眠の方法を紹介してきました。幸いなことに、２冊とも多くの読者の方から温かいご支持をいただくことができました。そして、読者の方からもっといろいろな自己催眠の方法を知りたいという声が寄せられ、それが今回本書の企画となって実現する運びとなったのです。

今回は、日常生活のなかで私たちがぶつかる多くの問題や悩みを解決するための自己催眠についてたくさん取り上げています。また、自分自身を向上させて、よりよい自分になるための自己催眠もふんだんに紹介してあります。

そして、本書では自己催眠とは別に、読者の皆さんが身近な人を勇気づけたり、自信を持たせてあげるための他者暗示の言葉も多数紹介してあります。だから、本書を利用して多くの読者の方が自分自身はもちろんのこと、周囲の人まで元気にしてあげられることが本書の特徴になっています。

本書のPART１では催眠そのものや、暗示や潜在意識のことなどについて記述してあります。そして、催眠状態に入るための方法や催眠を解《と》く方法を説明してあります。PART２以降は目的に応じた具体的な自己催眠の方法が説明してあります。

実際に自己催眠を行なう場合は、まずPART１に書かれている方法を覚えて催眠状態に入る練習をしてください。そのうえでPART２～７のなかからご自分の目的に合った方法を選んでセラピーを行なってください。なお自己催眠を終了するときは、やはりPART１に載っている方法できちんと催眠状態から覚ましてください。

池袋YM心理センター代表　武藤安隆

CONTENTS

PART 1

催眠と暗示

PART 2

人間関係・ビジネス編

PART 3

学習・スポーツ編

CONTENTS

PART 4

恋愛・結婚編

PART 5

ダイエット・美容編

PART 6

健康・性格編

CONTENTS

PART 6

PART 7

出産育児・青少年編

PART 1

催眠と暗示

催眠とは何か

催眠状態に入っても意識はある

催眠状態をひとことで説明することはできません。それは催眠状態といってもいろいろな状態があるからです。まず浅い催眠状態から深い催眠状態までさまざまなレベルがあり、また人によっても催眠状態に入ったときの感じ方が違うのです。

ただ「催眠」という言葉のなかに「眠る」という字が入っているように、催眠状態に入るとしだいに眠くなってきます。もちろん浅い催眠状態ではそれほど眠気は感じませんが、催眠状態が深くなるにつれ、うとうとと眠たくなってきます。

ときには眠りの一歩手前といった状態になることもありますが、完全に眠ってしまうことはありません。もし眠ってしまったとしたら、そのときは催眠状態から睡眠状態に移行したということです。

それから、催眠状態に入ると、意識の働きが覚醒《かくせい》状態（ふだんの目覚めているときの状態）よりも低下してきます。そのために頭がぼんやりしたり、ボーっとしたりします。しかし、睡眠時のようにまったく意識がなくなってしまうことはありません。どんなに深い催眠状態に入っても、意識は働いているのです。

日常生活のなかでも催眠状態を体験している

電車の座席に座ってガタゴト揺られていると、いつのまにかうとうととと眠たくなることがあります。そのまますっかり眠り込んでしまうこともありますが、たいがいは半分眠っているようで半分起きているような

（半覚半睡《はんかくはんすい》の）状態に陥るものです。

そのとき周囲の人の話し声や車内アナウンスも聞こえるのだけど、何をいっているのかはっきりはわからないし、現実感が希薄になって、自分だけ別世界に入ったような感覚を覚えたりします。

実は、これは一種の催眠状態なのです。別に意図的に催眠状態に入ろうとしてそうなるのではなく、いつの間にか自然に催眠状態に入っているのです。こういう現象を自然催眠といいます。

自然催眠は日常生活のなかでもよく起こる現象です。たとえば、床屋さん、学校の授業中、映画館などで思い当たる体験をしたことがある人も多いはずです。

催眠という言葉にはいろいろな意味がある

自然催眠に対して、意図的に催眠状態をつくりだすことを人工催眠といいます。ふつう催眠といったら人工催眠のことを指します。

ところで、催眠という言葉にはいろいろな意味があります。まず催眠状態を誘導したり深化させるための方法のことを催眠といいます。

また、催眠状態そのものや催眠中に起こるさまざまな催眠現象のことを催眠ということもあります。そして、催眠状態を利用して心やからだのセラピーを行なうこと、つまり催眠療法のことも催眠と呼ぶのです。

さらに、これらのことをすべてひっくるめて催眠と総称したりもします。

催眠と暗示

トランス状態

催眠状態は一種の変性意識状態

前述したように、催眠状態に入ると完全に眠ってしまうわけではないが眠くなります。また、ふだんよりも意識の働きが低下してきます。

　このとき単に意識の働きが弱まるだけではなく、意識の質も覚醒状態とは異なってきます。たとえば他者催眠の場合、催眠状態に入った人は自発的に行動しようという意思が薄れ、受動的態度が目立つようになります。また、物事を論理的に考えようとすることも少なくなってきます。

　催眠状態のように通常とは異なる意識状態のことを変性意識状態《へんせいいしきじょうたい》といいます。催眠状態のほかにもいろいろな変性意識状態があります。

　シャーマンや霊媒師が呪文を唱えたり祈祷《きとう》をするときに、独特の意識状態に入ります。あれは一種の変性意識状態です。

　また、ヨガの行者がポーズを取っているときや、修行を積んだ僧が座禅を組んでいるときも変性意識状態に入ります。瞑想を行なうときも変性意識状態に入っていきます。

　これらの変性意識状態はそれぞれ質的に違っています。当然催眠状態とほかの変性意識状態とでも、その質には違いがあります。

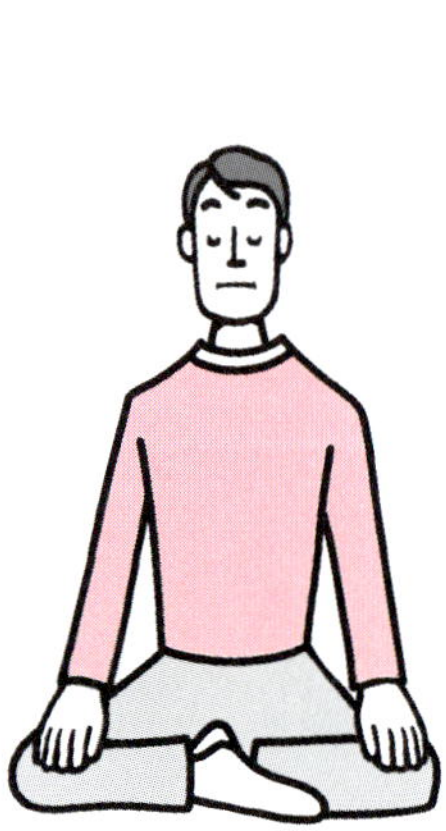

催眠中は〝うっとりとするような気持ちよさ〟を感じる

　催眠状態は暗示を使ってつくりだされる変性意識状態のことです。そして、催眠中の変性意識状態のことをほかの変性意識状態と区別してトランス状態、もしくは催眠性トランスといいます。

トランスという言葉には恍惚、夢うつつ、エクスタシーといった意味があります。ある程度の催眠状態に入ると、その言葉のとおりに〝うっとりとするような夢うつつの状態〟になります。それはとろけるような非常に気持ちのいい状態です。

ふつう催眠状態では、全身の筋肉が弛緩《しかん》し、それによって心身ともにリラックスした状態になります。そのリラックスした感覚と、眠気やボーっとした状態がミックスされてそのような気持ちよさが感じられるのです。座禅や瞑想を行なったときも気持ちよさを感じるものですが、それはむしろすがすがしい気持ちよさであり、催眠中のうっとりとするような気持ちよさとは全然違います。

催眠状態では暗示の言葉に受動的に集中する

催眠中は意識が低下しますが、その反面非常に注意が集中した状態になります。何に集中するかといったら、暗示の言葉に集中するのです。

他者催眠であれば、催眠を誘導される人は誘導する人の暗示に集中し、それ以外の外部の刺激にはあまり反応しなくなります。外の雑音も気になりません。自己催眠でも自分が心のなかで唱える暗示に集中します。

集中するといっても一生懸命集中するわけではありません。集中しようとして集中するのとは違い、なんとなく自然に集中しているのです。これは受動的注意集中といって、催眠特有のものです。

催眠と暗示

催眠と潜在意識

意識よりも潜在意識のほうがたくさんの仕事をしている

催眠状態に入って意識の働きが弱まると、逆に潜在意識が表舞台に登場してきます。潜在意識はふつう自分では気づかない心の働きであり、ふだんは意識の下に隠れています。

隠れているといっても、何もしないわけではなく、潜在意識はさかんに活動しています。ただ通常の覚醒状態では、私たちは潜在意識の働きを意識することがないのです。

私たちがものを考えたり、何かを決めたりするときは、意識を働かせています。仕事をしたり勉強するときも、また人と話をするときも意識の力を使っています。私たちが起きている間は、意識を頻繁《ひんぱん》に働かせているのです。

しかし、それ以上に働いているのが潜在意識です。潜在意識は常に働いています。夜眠るとき、意識は活動を休止しますが、その間も潜在意識は活動しています。夢を見るのは潜在意識の働きによるものです。

起きているときも、潜在意識は意識よりもずっとたくさんの仕事をしています。私たちがふだん何げなくやっていること、無意識的に行なっていることはすべて潜在意識がやっています。

潜在意識には過去の体験が記憶されている

たとえば、パソコンを使い慣れている人がパソコンを操作するとき、何を入力するかは意識で考えますが、マウスを動かしたりキーを叩くのはほとんど考えないで行ないます。これは潜在意識がマウスの使い方やキーの叩き方を記憶していて、意識しなくても自動的に手が動くのです。

パソコンの操作にかぎらず、ふだん習慣的に行なっている行動は潜在意識がそのやり方を記憶していて、何も考えなくても楽にできます。

実は、潜在意識は記憶の宝庫なのです。私たちが生まれてから現在に至るまでに体験してきたことは、すべて潜在意識に記憶されています。そのなかには成功体験や楽しかったこともあれば、逆に失敗体験やつらかったこともあります。

ここで問題になるのは後者のほうです。ともすると失敗体験やつらい出来事の記憶は、同じような失敗体験を繰り返したり、つらいことを引き寄せたりするように働くのです。

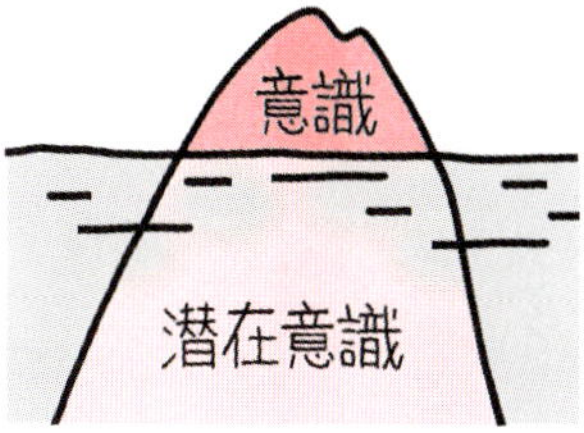

催眠状態では潜在意識と直接コンタクトが取れる

それを防ぐには潜在意識の中身を変える必要があります。どうするかというと、潜在意識にもっとよい情報を強烈にインプットして、ネガティブな記憶が影響をおよぼさなくなるようにするのです。

このとき頼りになるのが催眠です。催眠状態に入って意識が低下すると、潜在意識と直接コンタクトを取ることができます。そこでポジティブな暗示やイメージを潜在意識にインプットしていくのです。こうして潜在意識の中身を変えると、私たちの行動や習慣が変わります。そして、人生そのものが変わります。これが催眠の持つ力です。

催眠と暗示

暗示とは

ついその気になってしまうのが暗示の特徴

スーパーやデパートでセールを行なうときには、広告に「今年最後のチャンス」とか「いまがチャンス」といったフレーズがよく使われます。こういう広告を見て、さっそく店に足を運び、ついどっさりと商品を買い込んでしまったという人も多いのではないでしょうか。

実は、これは暗示です。暗示というのは相手がある行動を自然と行なうように仕向けたり、何かを信じ込ませたりするための言葉や刺激のことです。ついその気にさせるということです。広告を見てたくさんの買い物をしてしまったという人は、ついその気にさせられてしまったわけです。

病気にかかっている人になんの効果もない偽薬（プラセボ）を服用させたところ、驚くくらいに病気がよくなってしまったということがよくあります。これはプラセボ効果といって、この「薬を使えば治る」という暗示が働いたのです。

このようにいったん信じ込むとその人が本来持っている自然治癒力が働いて、たとえ重い病気であっても治癒することがあります。暗示にはそれだけの力があるのです。

暗示の内容やいい方によって効果が違ってくる

暗示にはいくつかの種類があります。人に与える暗示のことを他者暗示といい、自分自身に与える暗示のことを自己暗示といいます。

相手に暗示の意図がはっきりとわかるような暗示のことを直接暗示と

いいます。それに対して暗示の意図が隠されている場合を間接暗示といいます。

父親が子どもに「おまえは勉強すればできるんだよ」といったら直接暗示です。「へー、こんな難しい問題が解《と》けるんだ。お父さんが子どものころはこんな問題はできなかったよ。すごいなぁ」と感心してみせるのが間接暗示です。相手がそう簡単には暗示を受け入れないような人の場合は、間接暗示のほうが効果的です。

人に暗示を与えるときは、声のトーンや顔の表情なども大切な要素になります。それによって効果がもたらされるとき、それを周辺暗示といいます。一方、暗示そのものが効果を生む場合、中心暗示といいます。

直接暗示
おまえは
勉強すれば
できるんだよ

本気で自己暗示すれば重症の病気も治ることがある

一九世紀後半から二〇世紀初頭のフランスに、エミール・クーエという薬剤師がいました。彼は自分の診療所で多くの人に自己暗示を教えました。彼が教えた暗示は実に簡単なものでしたが、その効果は絶大でした。

一〇年間右腕が肩までしか上がらないという男性に、クーエは「腕が上がる」とか「痛みが消える」と何《なん》遍《べん》も唱えるようにいいました。最初はうまくいかなかったものの本気になって暗示を唱えていったら、見事に腕を頭上に上げることができました。これ以外にも自己暗示で病気を治した患者の数は相当なもので、重症の病気の人もたくさんいたそうです。

お父さんが子どものころは
こんな問題は
できなかったよ
間接暗示

催眠と暗示

催眠状態に入ると暗示を受け入れやすくなる

二〇世紀前半に活躍した催眠の研究者に、クラーク・ハルという人がいます。彼は「催眠は被暗示性が亢《こう》進《しん》した状態である」といっています。

被暗示性というのは、暗示に反応する性質のことです。暗示されやすさとか、暗示に対する感度といってもいいでしょう。これは誰もが大なり小なり持っているものですが、当然個人差があります。非常に簡単に暗示に反応する人もいれば、なかなか暗示を受け入れない人もいます。

ハルがいうように、催眠状態に入ると実際に被暗示性が亢進《こうしん》します。覚醒状態だったら反応しないような暗示に対しても、催眠状態だとスムーズに反応したりします。

再三述べているように、催眠状態に入ると意識の働きが弱まってきます。すると、同時に理性や判断力も弱まってきます。それで覚醒状態では理性や判断力が邪魔をして受け入れなかったような暗示でも、催眠状態では受け入れやすくなるのです。

催眠療法が効果があるのは、ひとつにはこのためです。催眠療法は暗示だけを使うわけではありませんが、暗示を利用していろいろな問題を解決していくことができるのです。

大脳皮質が休み始めると催眠状態に入る

催眠では最初からいきなり難しい暗示を行なうことはありません。初めは覚醒状態なのですから、反応しやすい暗示を使って催眠状態に誘導していきます。簡単な暗示でも反応すれば、「自分は暗示のとおりにな

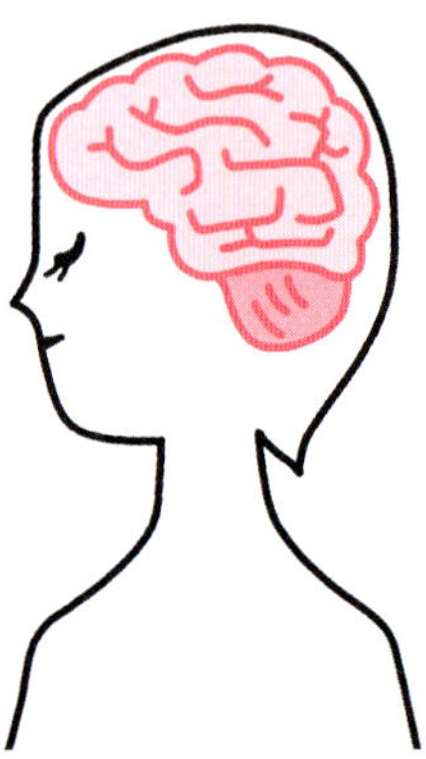

るんだ」と思い、そこで被暗示性が高まります。そして、もう少し難しい暗示にも反応しやすくなるのです。

他者催眠の場合、催眠を誘導するときも催眠を深化させるときも、ふつう暗示を与える人はゆっくりと静かな調子で暗示の言葉を語ります。自己催眠の場合も、暗示する本人が心のなかで静かにゆっくりと暗示の言葉を唱えます。ある意味では単調な調子で暗示していくのです。

私たちの大脳皮質は理性や知性の働きを司っていますが、このような単調な刺激を続けて与えられるとしだいに活動が休止してきます。といっても全面的に休止するのではなく、部分的に活動が止むのです。これが催眠状態の始まりです。

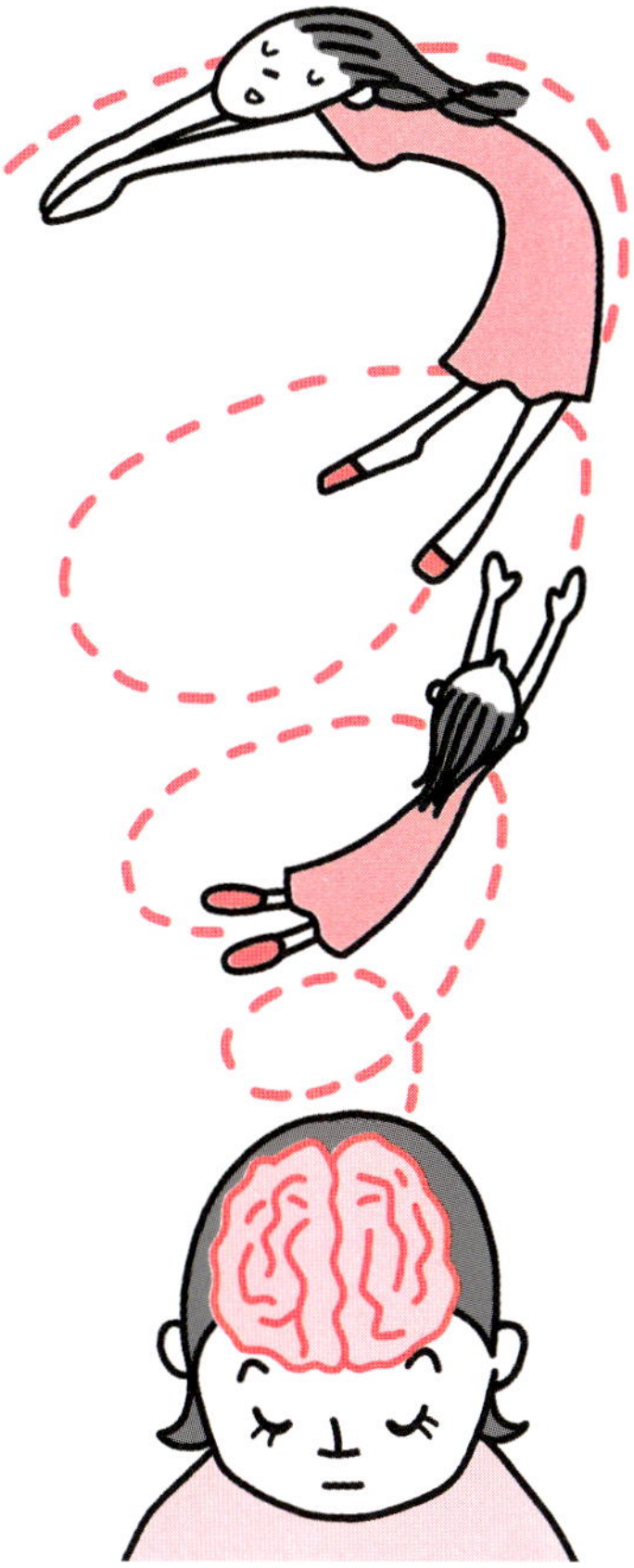

催眠状態が深くなったところでセラピーを行なう

催眠状態に入ったら、今度は暗示によって催眠をより深くしていきます。これが深化です。

催眠状態がある程度深くなると、覚醒状態に比べてだいぶ被暗示性も高まっています。それを利用してセラピーを行なうのです。暗示やイメージを使って、物事に対する反応や感じ方を変えたり、古い行動パターンを新しいものに変えていきます。そうすることで悩みや問題を解消していけるのです。

最後は催眠を解いていく作業です。やはり暗示によって催眠状態から覚醒状態にもどしていきます。これが催眠療法のだいたいの流れです。

催眠療法でできることとできないこと

ストレス解消ができ心の持ち方も変えられる

催眠療法には二種類あります。セラピストがクライアントに対して行なう他者催眠療法と、自分自身で行なう自己催眠療法です。どちらも心やからだの悩みや問題を解消する方法として非常に大きな力を発揮します。また、学習やスポーツ、美容、能力開発などさまざまな分野に応用することができ、実際優れた効果が期待できます。

まず現代はストレス社会といわれますが、催眠療法はストレス解消にはもってこいの方法です。催眠状態に入ると、心身ともに非常にリラックスできます。その結果、自律神経が安定し、ストレスで疲れた心やからだが回復するのです。

また、催眠の持つリラックス効果は緊張性の症状や問題にも有効です。あがり症を始めとして対人緊張や対人恐怖、赤面やふるえなどの問題は催眠療法の得意とするところです。

催眠療法は心の持ち方を変えたり、物事に対する感じ方を変えることができます。ですから、つい悲観的に考えたりマイナス思考に陥《おちい》りやすい人にはうってつけの方法です。また、物事に対するとらわれやこだわりを解消するのにも役立ちます。

催眠療法で健康が増進しよい習慣が身につく

心の持ち方をよい方向に変えていけば、健康状態にもいい影響をおよぼすことができます。だから、自律神経失調症など体調不良で悩んでいる人にも催眠療法は恩恵をもたらします。不眠症にも効果があります。

健康な人がふだんから自己催眠療法を続けていけば、健康の維持・増進につながります。それから、無痛暗示を使えば無痛抜歯や無痛分娩なども可能になります。

催眠療法では、好ましくない習慣や悪癖を解消したり、逆に新しい習慣や行動パターンを身につけることもできます。たとえば、食べすぎやタバコをやめることができるし、勉強する習慣のなかった子どもが毎日勉強するようになったりします。

催眠で正しい食生活や運動の習慣をつければ、ダイエットも成功しやすくなります。思っていることがなかなかいえなかった人が自己主張できるようになったり、積極性や行動力が身についたりもします。

催眠療法にはできないこともある

失恋をしてしまったので、催眠で彼（彼女）のことを記憶から消してほしいという人がいます。しかし、これは無理な話です。他者催眠では一時的に記憶を消すことができますが、数時間もすれば思いだすようになります。彼（彼女）の存在をすっかり忘れることはできないのです。

それから、恋人が心変わりをしてしまったので、催眠を使ってもとにもどしてほしいといってくる人がいますが、これも不可能です。その恋人がそれを望むならともかく、本人が望まないことは催眠を使っても実現しません。催眠療法はなんにでも効く万能薬ではないのです。

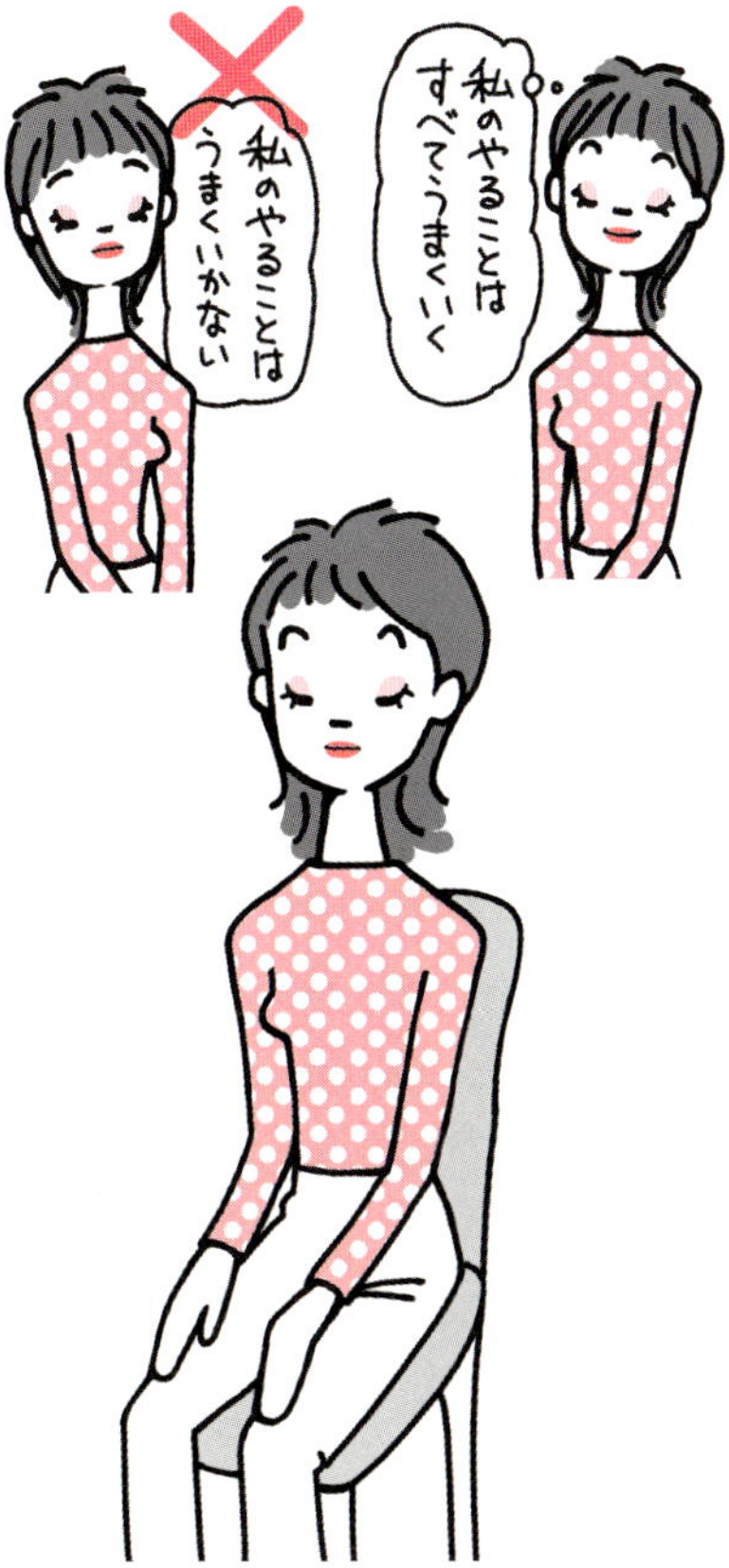

他者催眠と自己催眠

他者催眠といえども その本質は自己催眠である

読者の方のなかには、自己催眠は他者催眠に比べて効果が弱いんじゃないかと思っている人もいるかもしれません。自分でやるよりも専門のセラピストに催眠療法を行なってもらうほうが楽だし、ずっと効果も出るんじゃないか、と思っている人も多いのではないでしょうか。また、自分が本当に自己催眠ができるようになるのだろうか、と不安に思っている人もいるでしょう。

しかし、実は催眠の本質は自己催眠なのです。他者催眠では被催眠者（催眠を誘導される人）は、まるで催眠者（催眠を誘導する人）のいうままに行動しているように見えるかもしれません。でも、被催眠者は催眠者の暗示を拒否することもできるのです。被催眠者が催眠者の暗示に反応するのは、自分でもそれを受け入れようというときだけです。

ですから、催眠者はあくまでも被催眠者が催眠状態に入るのを手助けするのであって、実際は被催眠者が自分で催眠状態に入っていくのです。そして、催眠状態でセラピーを行なうときも、被催眠者は催眠者の与える暗示を受け入れることもできるし、拒否することもできるのです。

自己催眠には 他者催眠にない利点がある

確かに自己催眠は他者催眠よりも努力が必要です。自分で暗示文を覚えなければならないし、催眠状態に入れるようになるには、ある程度練習を要します。

また、他者催眠に比べたら、効果

が出てくるのも多少時間がかかります。しかし、いったん自己催眠をマスターし、継続して実践していくならば、目覚ましい効果を上げることも十分期待できるのです。

それに自己催眠には他者催眠にはない利点があります。自己催眠を覚えれば、いつでも好きなときに行なうことができます。毎日セラピストのところに催眠療法を受けに行くことはできませんが、自己催眠ならいくらでもできます。

時間も好きなだけ取ってたっぷり行なうこともできるし、忙しいときは短い時間ですますこともできます。また、暗示も本当に自分の心にフィットする内容のものを考えだして、それを実行することができるのです。

自己催眠ができるということはひとつの自信になる

もちろん自己催眠ではできないこともあります。たとえば、非常に深刻な心理的トラウマを抱えている人や、ＰＴＳＤ（心的外傷後ストレス障害）に悩まされている人は、直接セラピストから催眠療法を受けるべきです。極度に不安や恐怖心の強い人も、他者催眠の力に頼ることが望ましいといえます。

ただそういう場合も、他者催眠の補助として自己催眠を行なうならば、他者催眠の効果も出やすくなります。自己催眠で心やからだをコントロールできるということがひとつの自信となって、回復も早くなるし、回復したあとの予後もいいのです。

催眠療法とセルフ・イメージ

セルフ・イメージは子どものころにつくられる

人は誰でも自分自身に対してなんらかのイメージを持っています。たとえば、「私は明るく活発な人間だ」とか、「私は神経質ですぐに落ち込む」といったものです。「自分は友達をつくるのがうまい」というのもそうだし、逆に「私はシャイで引っ込み思案だ」というのもそうです。これがセルフ・イメージです。

もちろん実際はそんなに単純なものではなく、ふつうひとりの人がいくつものセルフ・イメージを持っているものです。例を挙げると、「私は外交的で社交性がある。協調性もあるほうだけど、少し神経質なところがあって人の好き嫌いが激しいし、ちょっとしたことですぐカッとなる。落ち込むこともあるけれど、だいたいは前向きで物事をポジティブに考えられる」といった具合です。

私たちは小さな子どものころに周囲の人間からいわれた言葉や、自分に対する態度によって自然となんらかのセルフ・イメージを抱くようになります。たとえば、親が「この子はおとなしい」とか、「おまえは落ち着きがないね」と何気なくいった言葉がその子のセルフ・イメージをつくっていくのです。

私たちはセルフ・イメージに従って行動する

もし親からかわいがってもらえなかったりすると、その子は「私は愛されない」というセルフ・イメージを持ってしまうかもしれません。これはとてもネガティブなセルフ・イメージです。ひどいいじめを受けた

り、頻繁《ひんぱん》に人から馬鹿にされたりすると、やはり「自分はいないほうがいい」とか「私は価値のない人間だ」といったネガティブなセルフ・イメージを抱きやすいものです。

セルフ・イメージはその後の人生のなかで修正されたり追加されていくものですが、人生の早い段階でつくられたネガティブなセルフ・イメージはともすると強化されやすいのです。

私たちはふだん無意識のうちにセルフ・イメージに従って行動します。「自分は有能だ」と思っていれば、有能な人として行動し、物事もうまくいきやすいものです。「自分は無能だ」と思っている人は、つい無能な人間として行動してしまい、失敗を繰り返しやすいのです。

催眠療法でセルフ・イメージを変えることができる

自分自身を向上させたいと思っている人は、よりよいセルフ・イメージを持つ必要があります。セルフ・イメージをもっとポジティブなものに変えれば、行動が変わります。その結果、人生も変わります。悩みや問題を解決したいと思っている人も、セルフ・イメージを変えることで活路が開けます。

セルフ・イメージは潜在意識にプログラミングされています。そこでセルフ・イメージを変えるために催眠を使うのです。催眠状態でポジティブな暗示を唱えたり、「なりたい自分」をイメージすることでセルフ・イメージを変えることができるのです。

自己催眠の手順

リラックスしやすい服装や場所で行なう

自己催眠を行なうときは、できるだけラフな服装をすることが大切です。特に初心者の人はからだを締《し》めつけるような服装は避け、ネクタイやシャツの第一ボタンははずします。また、ベルトはゆるめ、眼鏡やコンタクトレンズなどもはずしておきましょう。自己催眠がうまくできるようになったら、必ずしもこのとおりにしなくてもかまいません。

最初のうちは、リラックスしやすいように自分の部屋など誰にも邪魔されない場所で行ないましょう。慣れてきたら電車のなかなどで（座席に座れればですが）行なうのもいいでしょう。空腹時や満腹時は集中しづらいので避けてください。また、直前のアルコールも控えてください。

自己催眠を行なうときの姿勢は二種類ある

姿勢は椅子に座って行なうか、ベッドや布団の上で仰向け姿勢になって行なうかのどちらかです。

椅子に座って行なう場合、背もたれのある椅子を使ってください。両手は腿《もも》の上に乗せます。肘《ひじ》がある椅子なら、肘掛に腕を乗せておいてもいいでしょう。手の平は上に向けても下に向けても自分のやりやすいほうにしましょう。途中で頭が前に傾きすぎたら自分でもどしましょう。

仰向け姿勢で行なう場合、腋《わき》の下を開け、腕をからだから多少離しておきます。脚《あし》は自分で楽な角度に開いておきます。催眠中に寒くならないように毛布かタオルケットを掛けておきましょう。

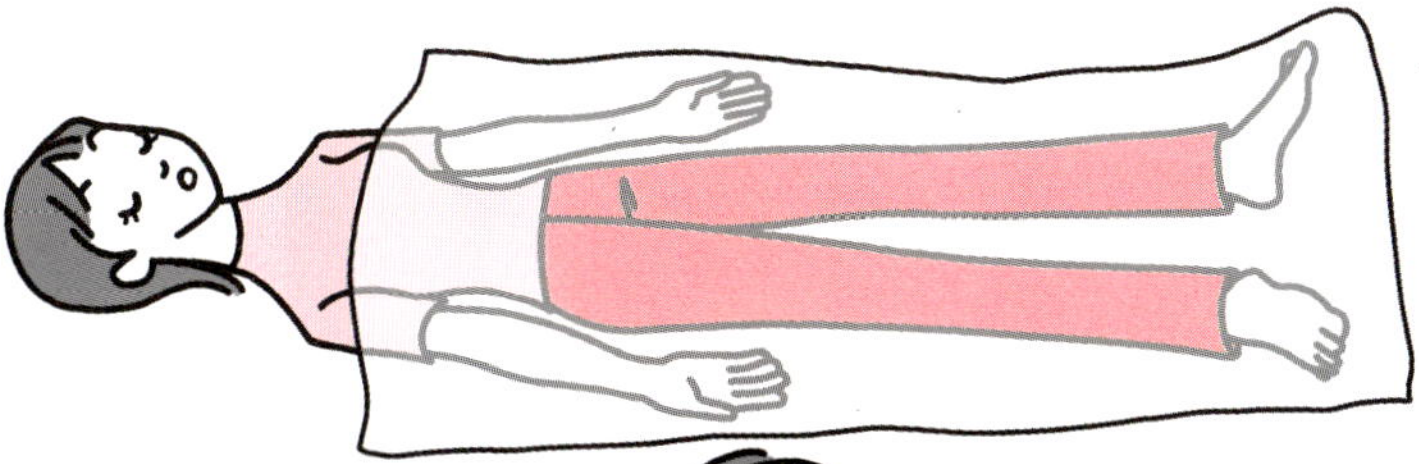

▲仰向け姿勢で行なう場合、腕をからだから離し、脚は楽な角度に開いておく。毛布かタオルケットを掛けて行なう。

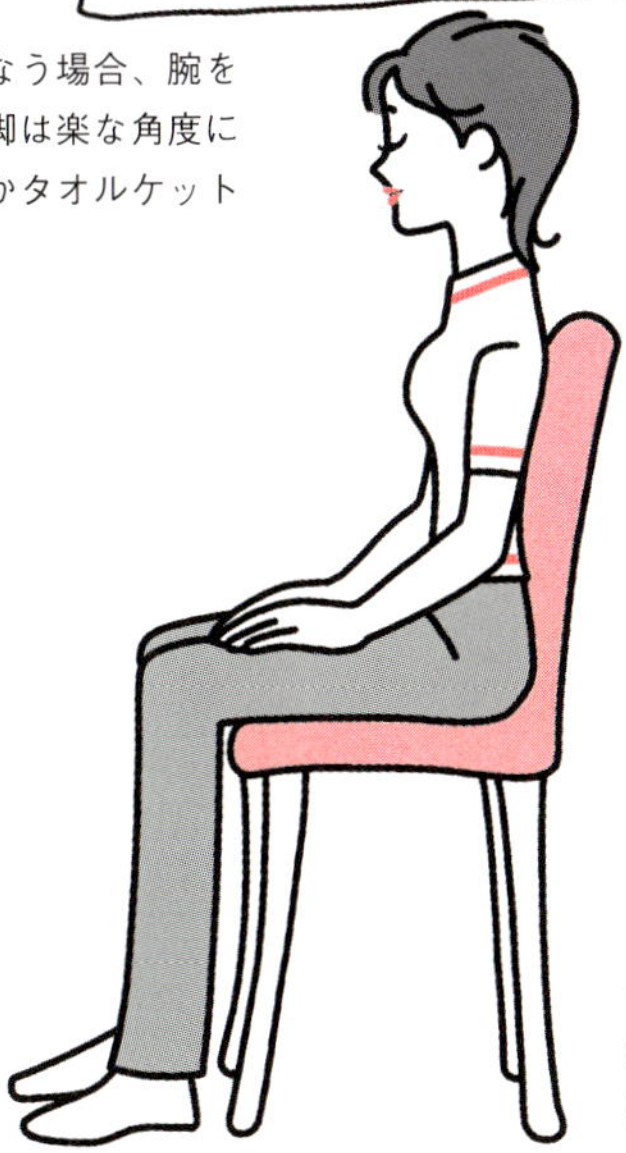

◀椅子に座って行なう場合、背もたれのある椅子を使用する。両手は腿《もも》の上に乗せる。

初めに静かでゆっくりとした深呼吸を繰り返す

いよいよ催眠誘導に入ります。最初に深呼吸を一〇回前後行ないます。このとき息を吸うのも吐くのもできるだけ静かにゆっくりと行ないます。特に吐くほうは時間をかけるようにしましょう。けっして一気に吸ったり吐いたりはしないでください。目は閉じておきます。一〇回前後行なったらふだんの呼吸にもどし、心のなかで次のように暗示します。

これから私は数を一から二〇まで数えながら、目を開けたり閉じたりを繰り返す。そうすると私は心とからだがゆったりとしてきて、気持ちのいい催眠状態に入っていく。

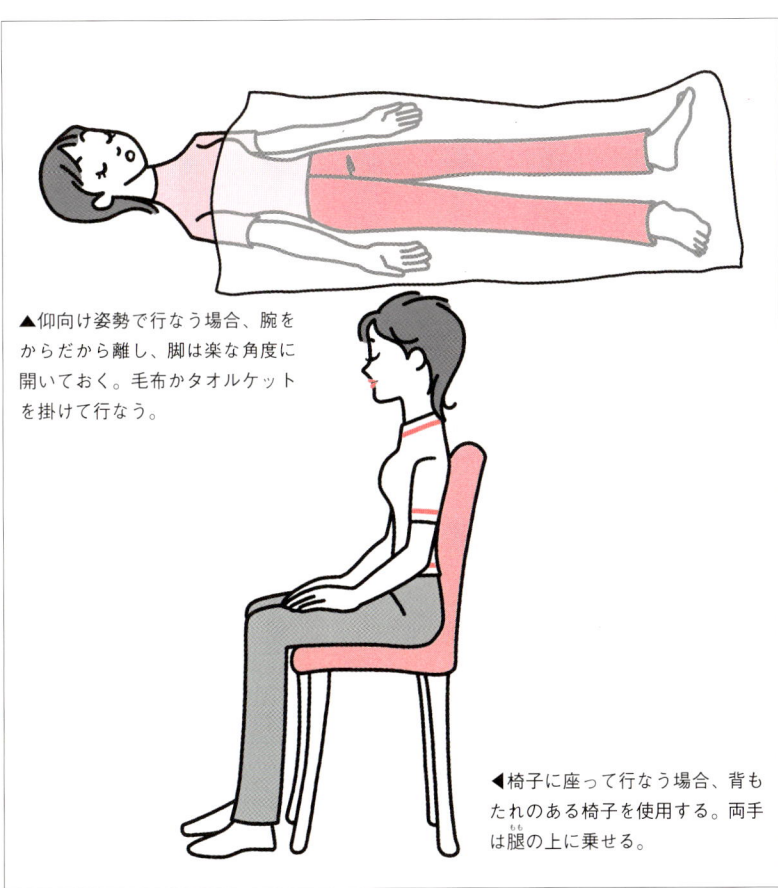

目の開閉を繰り返して催眠状態に入る

心のなかでゆっくり数を数えながら目の開閉を繰り返します。奇数を数えるときに目を開け、偶数を数えるときに目を閉じます。目を開けている時間も閉じている時間も七、八秒くらい取ってください。

一、二、三、四、五……一六、だんだんまぶたが重たくなってきた。一七、ますますまぶたが重たくなってきた。早く目を閉じたい。一八、まぶたが重たくてしかたがない。目を開けるのが面倒《めんどう》くさい。一九、もう目を開けていられない。二〇、すっかり私のまぶたが重たくなっている。そして、私はこのまま深い深い催眠状態に入っていく。スー、スーと入っていく……。

いま、私はすでに気持ちのいい催眠状態に入っている。心とからだがゆったりとしたとてもいい気持ちだ。気持ちが落ち着いている、気持ちが落ち着いている。本当にゆったりとしたいい気持ちだ。

これから私のからだじゅうの力がどんどん抜けていく。そして、私はいまよりもさらに深い深い催眠状態に入っていく。

脱力暗示で催眠状態を深化させる

両足のつま先とかかとの力が抜ける。そして、足首の力も抜ける、抜ける。足首の力が抜けると、ふくらはぎや膝《ひざ》の力も抜ける、抜ける。さらに腿《もも》の力が抜ける、抜ける。腿の力が抜けて脚《あし》全体がダラーンとしてきた。

今度は腰の力が抜ける、抜ける。腰がゆるんできた。背中の力も抜ける、抜ける。そして、肩の力が抜け、肩が楽になる。腕の力も抜ける、抜ける。腕もダラーンとしてきた。

次にあごの力が抜ける、抜ける。あごがダラーンとする。口の周《まわ》りの力も抜ける、抜ける。そして、頬《ほほ》の力が抜け、まぶたの力が抜ける。まぶたの力が抜ける、抜ける。さらに額《ひたい》の力が抜ける、抜ける。

全身の力が抜け、私はすっかり深い深い催眠状態に入っている。心とからだがくつろいで、とてもリラックスしている。平和で穏《おだ》やかな気分だ。ゆったりとしたいい気持ちだ。

▲脱力暗示によって全身の力を抜き、催眠状態を深化させる。

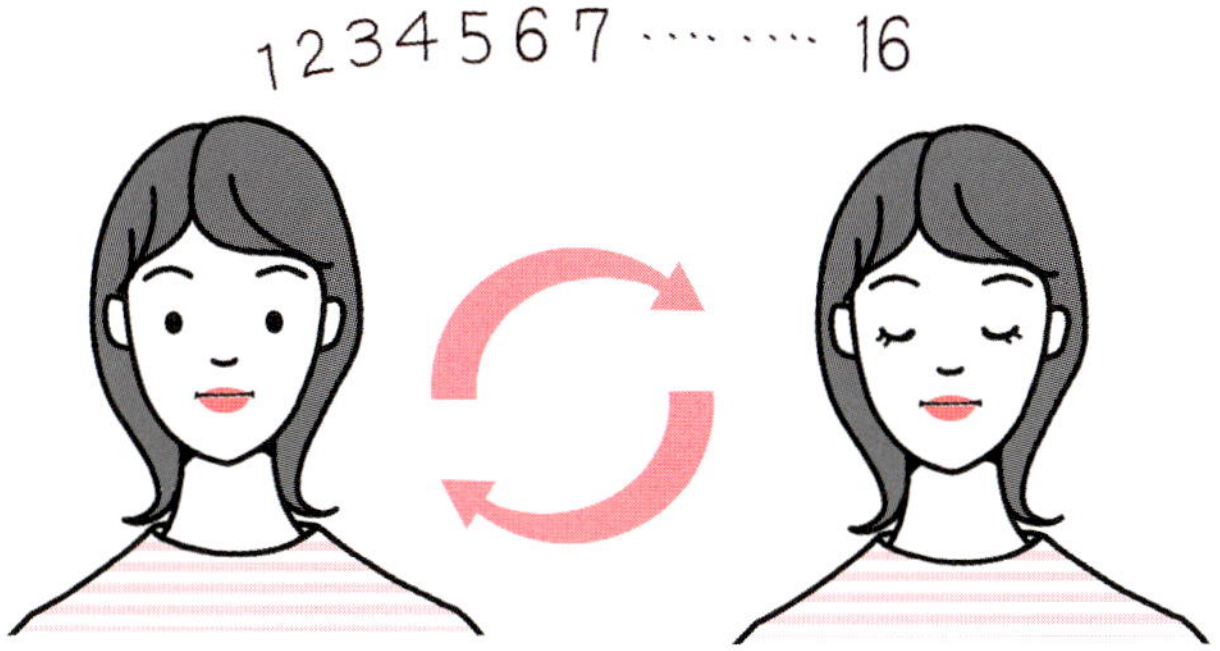

▲数を数えながら目の開閉を繰り返す。
奇数を数えるときに目を開け、偶数を数えるときに目を閉じる。

自己暗示でセルフ・イメージを変える

催眠状態を深化させたところでいよいよセラピーを行ないます。悩みや問題を解消し、よりよい自分やなりたい自分になるために、新しいセルフ・イメージを潜在意識にインプットしていくのです。

具体的には、PART2～PART7で紹介している催眠暗示のなかから自分の目的に合ったものを選び、それを心のなかで唱えていきます。暗示するとき、自分の心や現実の生活によりフィットするように暗示の言葉を変えてかまいません。効果をだすためには毎日繰り返し行なうことが大切です。続けることでセルフ・イメージは確実に変わっていきます。

なりたい自分をイメージすると効果も早く出てくる

各催眠暗示のなかには暗示文を唱えるだけでなく、イメージングを行なうようになっているものがいくつかあります。

イメージングの方法は二通りあります。ひとつはなりたい自分を外から客観的に見る方法です。つまり傍観者の立場で新しい自分をイメージするのです。もうひとつはイメージする場面のなかに入り込んで、なりたい自分を体感する方法です。当事者の立場でイメージするということです。最初に傍観者の立場で、続いて当事者の立場でイメージするのが望ましいでしょう。

また、イメージを浮かべるとき、自分がもうすでにそうなっているという実感を込めてイメージすることが大切です。

なお特にイメージングの指示のない催眠暗示でも、自由に想像力を働かせてなりたい自分をイメージしてみるといいでしょう。暗示とイメージを併用したほうがより効果も早く出てきます。

解催眠暗示で催眠状態から覚醒する

セラピーのあとに催眠状態から覚ましましょう。これをいい加減に行なうとあとで頭が痛くなったりすることがあるので、きちんと行なってください。なお夜眠るときに寝床のなかで行なう場合は、覚まさずにそのまま眠ってしまってもかまいません。

これから数を一から一〇まで数えると、私は気持ちよく催眠から覚める。覚めたとき頭がスッキリとしてとてもいい気持ちになっている。一、少しずつ覚めてきた。二、さらに覚めてきた。三、ますます覚めてきた。四、からだじゅうに力がもどってくる。五、一段と力がもどってきた。六、だいぶ覚めてきた。七、意識がはっきりしてきた。八、心やからだにエネルギーがもどってきた。九、もうほとんど覚めている。一〇、完全に覚めた。

覚めてもすぐには目を開けず、腕や脚を屈伸したり背伸びをしたりしてからだじゅうに力をもどしてください。そのうえで初めて目を開けます。

PART 2

人間関係・ビジネス編

人間関係・ビジネス編

好かれる人になる

「人に好かれる」と思えれば人づきあいが楽しくなる

「自分は人に好かれない」と思っていると、人づきあいに自信が持てず、なかなか気軽に人と関わることができません。人との会話でも自分のほうから話しかけることにためらいを感じたり、人の輪のなかにもすんなりとは入っていけなかったりします。

本当はいろいろな人と仲良くしたいし、楽しい交流をしたいと思っていても、「人に好かれない」という思いが邪魔をして、つい消極的になってしまうのです。

こういう人はぜひ次の催眠暗示を行なってください。この暗示文を実践していくと、潜在意識から「人に好かれない」という思いが消え、「自分は人に好かれる」という思いに入れ替わっていきます。そして、もっと気軽に人と関わり、人づきあいを楽しめるようになるのです。

私は人に好かれる人間だ。
たくさんの人に好かれ、愛される人

無口でおとなしい友人に自信を与える言葉

四～五人くらいの仲よしグループには、必ずといっていいくらいほかのメンバーに比べて口数が少なくおとなしい人がいるものです。そういう人はほかの人がにぎやかにおしゃべりをしていても、聞き役に回るばかりで自分から話をすることはめったにありません。

実はこういうタイプの人のなかには、自分はあまり人に好かれないと思い込み、人間関係に自信が持てず人知れず悩んでいる人がいます。下手をすると「自分がいてもみんなは楽しくないだろうし、迷惑なだけじゃないか」と思っているのです。

もしあなたの友人のなかに思い当たるような人がいたら、次のように話してあげるといいでしょう。

「あなたといると落ち着くわ」とか「あなたが一緒だとホッとするのよね」とさりげなくいってあげるのです。

間だ。
私には、人に好かれるようなよさがあり、魅力がある。いろいろなよさがあり、魅力がある。

多くの人が私のよさをわかってくれる。私の魅力を感じてくれる。
そして、私を好きになってくれる。

誰かと一緒にいるとき、
私のよさが自然と表われる。
私の魅力が自然と溢《あふ》れでる。

そのとき、その人は私のよさをわかってくれる。私の魅力を感じてくれる。そして、私のことを好きになってくれる。

そして、私もその人が好きになる。
その人のよさを感じ、その人が好きになる。その人の魅力を感じ、その人が好きになる。

私は人に好かれる人間だ。
たくさんの人に好かれ、愛される人間だ。そして、私自身人を好きになれる人間だ。たくさんの人を好きになれる人間だ。

だから、私は人づきあいが楽しいし、人づきあいが好きだ。
私は人と会話を楽しみ、気軽にみんなの輪のなかに入っていく。そして、いろいろな人と仲良くなれる。
私は人に好かれる人間だ。たくさんの人に好かれ、愛される人間だ。

「あなたといるとすごく楽しい」といっても嘘っぽいし、本人も信じられないでしょうが、「落ち着く」とか「ホッとする」といわれると自分でもなんとなくそうなのかなと思うのです。そして、自分もけっこう好かれているのかなと思えるし、グループのなかでの自分の存在価値を認めることができるようになるのです。

　これはその友人への素晴らしい言葉のプレゼントになるでしょう。そして、その人はあなたにとってこれまで以上によいお友達になってくれるはずです。

信頼される人になる

信頼されることは大きな財産になる

信頼される人というのはどういう人でしょう？　これはひとことではいいつくせません。

まず誠実であり、責任感があること。正直で嘘をつかないということも挙げられるでしょう。人に対して思いやりがあるということも欠かせない要素ではないでしょうか。

それから、人の悪口をいわないことや、いうこととやることが一致していることもそのひとつでしょう。

こう見てくると、なんだかとても難しいことのように思ってしまうかもしれません。でも、催眠暗示を使えば、それほど難しいことではなくなってきます。人に信頼されるということは、目には見えないけれどとても大きな財産です。あなたも次の暗示文を使ってその財産を手に入れてみてはいかがでしょう。

私は誠実で、思いやりのある人間だ。人に対して私はできるかぎり誠意をつくし思いやりを示すことができる。だから、私は人に信頼される。多くの人が私のことを信頼できる人間として認めてくれる。

そして私には責任感がある。決められたことは必ず守り実行する。人との約束も守り、嘘はつかない。だから、正直で誠実な人として、私は信頼される。

人から頼まれごとをしたとき、私はできることは「できる」と答える。そして、私ができることは誠意を持

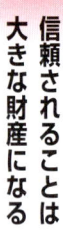

ってやってあげる。

もちろん自分にはできないことはしないし、率直に断ることができる。

そして、自分ができないことは「できない」と答える。その率直さで私はますます信頼されるようになる。

それから、私は人のいやがるようなことは絶対にしない。

人の悪口もいわないし陰口もきかない。人の秘密もけっして漏《も》らさない。誰かに相談をもちかけられたときは、そのことを私の胸のなかだけに納めておく。

だから、口の堅い人として、そして頼りになる人として私は信頼される。

私はいうことや行動に一貫性がある。言動がころころと変わったりしない。

そして、いうこととやることが一致している。

自分の言動に責任を持ち、いつも筋を通していく。

だから、私は信頼される。

信頼されることは、私にとって財産だ。かけがえのない財産だ。

私は人から信頼されることを誇りに思っている。信頼されることは私の大きな喜びだ。

私は信頼される人間だ。

多くの人に信頼される人間だ。

そして、私はそれに値する人間だ。

信頼に応えることができる人間だ。

私はそれがうれしい。とてもうれしい。

私は信頼される人間だ。

困った友人や同僚に反省を促す言葉

あなたの友人や職場の同僚のなかに、約束を守らなかったり自分の責任を果たさなかったりするような困った人はいないでしょうか? そういう人に直接反省を求めてもあまり効果は期待できません。むしろその人も知っている第三者のことを話題にして、それとなく反省を促すようにしたほうがずっと効き目があります。

たとえば、「○○さんは必ず約束を守ってくれるからみんなに信頼されるんだろうね」とか、「○○さんはいつも約束を破るから信頼ゼロなんだよね」といった具合です。

初対面の人ともすぐ仲良くなれる

初めて会った人なのにざっくばらんに話せる

初対面の人と会うのはどうも苦手、という人はけっこういます。初めて会う人と一緒だと緊張してしまうし、居心地が悪いというのです。何をどう話していいかわからないから困る、ともいいます。

そういう人は、自分は人見知りするたちだからしかたがない、と思っているかもしれません。

一方、世の中には初対面の人ともあっという間に打ちとけて、仲良くなってしまうという人がいます。人見知りするという人からしたら、非常にうらやましいことでしょう。

もしこのような人に自分もなりたい、と思うなら、次の催眠暗示を行なってください。緊張癖や人見知りを返上して、初めて会った人ともざっくばらんに話せるようになるでしょう。

人と仲良くなることは簡単だ。
初対面の人と仲良くなるのも簡単だ。
私は誰とでも仲良くなれる。
初対面の人ともすぐに仲良くなれる。
以前の私は初対面の人と仲良くなるなんて、難しいと思っていた。
でも、いまの私は違う。
いまの私は誰とでも仲良くなれる。
初対面の人ともすぐに仲良くなれる。
初めて人と会ったとき、私は会った瞬間からその人にいい印象を与えることができる。
私の雰囲気がその人を安心させ、ほっとさせる。
そして、お互いに自然に話をすることができる。
話をしていると、その人も私もだん

だん打ちとけてくる。

お互いにリラックスして、ゆったりとした気分で話ができる。

気楽に話ができる。

そして、だんだん話が楽しくなり、会話がはずんでくる。話がつきなくなる。

ずっと前からの知りあいだったかのように、自然に楽しく話ができる。

話をしているうちに、どんどんフィーリングが合い、波長が合ってくる。

なぜかフィーリングが合い、波長が合ってくる。

そして、心をオープンにして話すことができる。

私はその人を「いい人だ」と思うし、その人も私のことを「いい人だ」と思ってくれる。

本当に私もその人も一緒にいて安心だし、ほっとできる。

そして、私はその人とどんどん仲良くなっていく。急速に仲良くなっていく。

初対面ということが、信じられないくらいに仲良くなれる。

一緒にいて心地よい、いい関係をつくることができる。

私は誰とでも仲良くなれる。

初対面の人とも私はすぐに仲良くなれる。

人見知りする子どもの緊張感を和らげる言葉

極端に恥ずかしがり屋で、知らない人に会うと親のうしろに隠れてしまい挨拶《あいさつ》のできない子どももいます。そういう人見知りをする子は、内心そのことを恥ずかしいことだと思っています。あなたの子どもがそうだったら、「知らない人に会うと恥ずかしいよね。お父さん（お母さん）も子どものころはそうだったよ」といってあげましょう。子どもは自分だけではないことを知って安心できます。そして、「恥ずかしくても挨拶だけすればいいんだよ」といってあげれば、子どもはちゃんと挨拶するようになります。

人間関係・ビジネス編

苦手な人をなくす

その人に対するイメージが変われば苦手意識は消える

「あの人と一緒にいると、どうも居心地が悪くて」というように、特定の人が苦手ということはよくあることです。

苦手な人と会うのは気が重いものです。避けられるなら避けたいと思うのが、自然な感情でしょう。ときには苦痛でしかたないと思うことだってあります。

でも、たとえ苦手な人であっても、その人に対するイメージが変われば、苦手意識が消えてしまうことがあります。場合によっては、案外好きになることだってあるのです。

次に紹介するのはイメージを伴った催眠暗示です。この暗示を毎日継続して行なっていくと、いままでの苦手意識はけっこう簡単に取れていくでしょう。それに本当にその人のことが好きになってしまうかもしれません。


あなたは小さくて、かわいい人だ。

そして、とてもおもしろくて楽しい人だ。

あなたはこうやって私の手の平の上で歌ったり、踊ったりして、楽しそうにはしゃいでいる。

あなたは愛嬌がある人だ。

私はだんだんあなたのことが気に入ってきた。ひょっとしたらあなたのことを好きになってしまうかもしれない。

あなたは小さくて、かわいい人だ。

それから、とてもおもしろくて楽し

い人だ。そして、なかなかいい人だ。私はけっこうあなたのことが好きかもしれない（以上苦手な人に話しかけるように何回か繰り返す）。

この暗示文を唱えるときは、同時にイメージも浮かべます。イメージの浮かべ方には当事者の状態で浮かべる方法と、傍観者の状態で浮かべる方法の二通りがありますが、ここでは当事者の状態で浮かべます（30ページを参照）。

苦手な人を小人にしてしまい、自分の手の平の上に乗せてください。そして、楽しそうに歌ったり、踊ったり、遊ばせてあげてください。あなたもその人と一緒に遊んであげてください。

友人の苦手意識を取ってあげる言葉

友人から「○○さんのこと、どうも苦手なんだ」と打ち明けられたら、あなたはどう答えるでしょうか？　あなたもその○○さんに苦手意識を持っていたら、きっと一緒になって○○さんの悪口をいい合い、大いに盛り上がるかもしれません。

でも、あなた自身は○○さんが苦手でもなんでもなく、むしろ好ましくさえ思っていたらどうするでしょう？　よくやるのが、○○さんの長所を並べ立てて、いかにいい人であるかを説明し、友人を説得しようとすることです。

でも、そういわれても友人の苦手意識が払拭されるわけではありません。頭ではいい人だということがわかっても、感情がついていかないのです。

あなたが○○さんと親しいならば、友人が知らないような○○さんの意外な弱点を知っているかもしれません。それをこっそり友人に教えてあげるのです。

「○○さんって相当な恐妻家らしいよ」とか、「あの人、ゴキブリが死ぬほど怖いそうよ」とそっと耳打ちしてあげるのです。

友人は「なーんだ、○○さんってそんなに気の弱い人だったんだ」と安心するだろうし、案外○○さんに親しみを覚えるようになるかもしれません。

人間関係・ビジネス編

いいとこ探しの達人になる

いいところに目がいくような心の回路をつくる

人はともすると他人のよさや長所よりも、粗《あら》や欠点を見つけることがうまいものです。しかし、相手の粗や欠点ばかりに目がいくと、けっしてその人とのいい関係はつくれません。

でも、もし逆に相手のいいところをたくさん見つけることができるならば、ずっといい関係が持てるのではないでしょうか。とはいっても、つい他人の粗や欠点ばかりが目についてしまうという人も多いことでしょう。

しかし、潜在意識のなかに他人のいいところに自然と目がいくような心の回路をつくってやれば、心は常に他人のいいところを探すようになるのです。次の催眠暗示はその心の回路をつくり、あなたをいいとこ探しの達人にしてくれるでしょう。


私はいいとこ探しの達人だ。

人のいいところを見つけることが、
私の得意技だ。

私はその得意技を惜《お》しみなく発揮する。そして、人のいいところを見つけることができる。

どんな人に対しても、必ずその人のいいところを見つけることができる。

誰かと初めて会ったとき、私はその人のいいところはどこだろうと、すぐに探し始める。そして、それほど時間をかけずに探し物を発見することができる。

そのとき私はとてもうれしくなる。

すごくうれしくなる。

いいとこ探しは楽しいゲームだ。

すでに知っている人に対しても、私はもっとほかにもいいところはないかと探索をする。それが見つかると、私はとてもうれしくなる。

そして、私はその人にいっそう好意を持つようになる。

私はいいとこ探しの達人だから、誰とでもうまくつきあっていける。うまくやれるという自信がある。

そして、いい関係をつくっていける。

私はいいとこ探しの達人だ。

人のいいところを見つけることが、私の得意技だ。

そして、いいとこ探しはとても楽しいゲームだ。私は毎日毎日そのゲームを楽しんでいく。

何かと人の悪口をいう人を黙らせる言葉

やたらに人の悪口ばかりいう人がいます。そういう人と会うと、必ずといっていいくらい誰かの陰口を聞かされます。

人の悪口を聞かされるのは、あまりいい気持ちがするものではありません。聞いているだけで疲れてくるし、うんざりするものです。

それに自分が知らない人のことだったらまだいいのですが、知っている人のことだとただ聞いていただけなのに、あとで自分も一緒になって悪口をいっていたということにもなりかねません。下手をしたら共犯者どころか主犯格にされてしまうことだってあります。

ここはぜひ相手の口にストップをかけたほうがよさそうです。では、どうやって相手を黙らせたらいいでしょうか？

もし目の前の相手が「○○は見栄っ張りだ。金もないのにブランド物ばかり身につけて。自分の分というものを全然わきまえない奴だ」などとやりだしたら、すかさず「実は私も相当な見栄っ張りなんです」といってやるのです。それもさもすまなそうにいってやります。

これは「そんなふうにいわれると私はつらいのです」と暗に相手に伝えているのです。そして、そういわれると、相手はそれ以上その悪口をいい続けることができなくなります。こうして聞きたくもない悪口に延々とつき合わされるなくてすむのです。

人間関係・ビジネス編

ありのままの自分で勝負する

ありのままの自分に自信を持てば人間関係が楽になる

誰でも人に自分のことをよく思ってもらいたいものです。それは自然な感情です。そして、人間関係を円滑に進めるためには、相手に不快感を与えるようなことは避け、自分をよく見せることも必要なことです。

ただその気持ちがあまりにも強すぎると、変に自分をつくったりすることになり、自分が苦しくなるだけです。

逆にありのままの自分に自信が持てれば、背伸びをしたり、見栄をはる必要もないから気が楽だし、ストレスを感じることもありません。

次の催眠暗示は、必要以上に自分をよく見せようとして苦しい思いをしてしまう人にはまさにうってつけです。きっといまの自分に自信を持つことができ、気楽に人とかかわっていけるようになるでしょう。

人とかかわるとき、私は自分をつくったりなんかしない。
見栄を張ることもないし、自分を特別よく見せようともしない。
そんな必要もないし、自分をそのままだせばいい。
私は私だ。
だから、私はいつもありのままの私でいい。誰に対しても私はありのままの私でいい。
それが一番いいし、一番楽だ。
背伸びすることも、格好をつける必要もない。
自分を偽っても自分が苦しいだけだ。

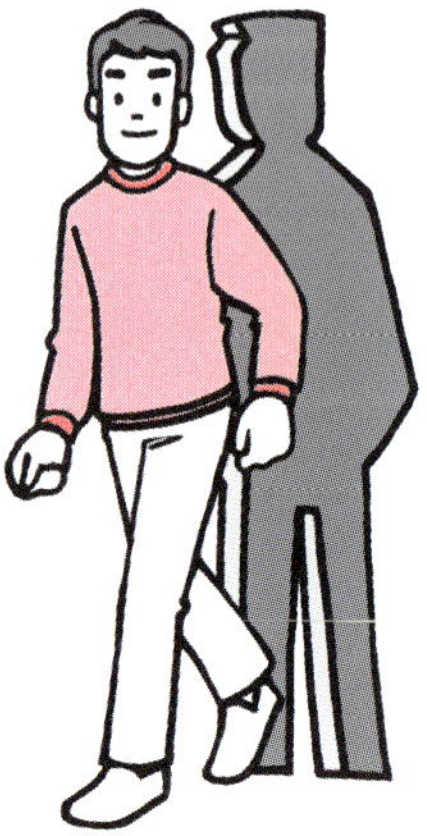

それにどうせメッキははがれるものだ。だから、私はそんな馬鹿なことはしないし、無駄なことはしない。
私はありのままの自分で勝負する。
堂々とありのままの自分をだす。

私が私でいるとき、私は安心していられる。自分を飾ったり、気取ることもないから、ストレスもない。
自分に正直だから、気持ちがいい。

それにありのままの私はけっして捨てたもんじゃない。自然体で、無理がないし、むしろそこが魅力だ。
人間味があって、好かれる要素もたくさんある。

だから、私はありのままの自分で勝負する。自信を持ってありのままの自分をだしていく。

私は私だ。
私はいつもありのままの私でいい。
誰に対しても私はありのままの私でいい。

友人が自然体になれるようにしてあげる言葉

「人によく思われたい」という気持ちが強すぎて気を遣いすぎたり、いつも必要以上にきちんとしている人がいます。あなたの友達にもそういう無理をしている人がいるかもしれません。

しかし、人間はどんなに気を張っていても、ときどきその気が抜けてしまうことがあります。そのとき変ないい方ですが、ぼろが出てしまうのです。いつもきちんとしている人がボーっとしたり、何かポカをしていつになくあわてふためいてしまうのです。

そういうとき「ボーっとしている○○ちゃんって、雰囲気がいいよね」とか、「あわてている○○ちゃんってかわいい」といってあげるのです。そういわれた友達は、「こういう自分もありかな？」と思って肩の力を抜くことができるようになるのです。

人間関係・ビジネス編

違いを尊重しあえる関係をつくる

人はみな違うもの 違いがあるのがあたりまえ

人はわがままなもので、人間関係で相手との間にちょっとした違いがあると、それがものすごく許せなかったりすることがあります。

本当は違いがあってあたりまえなのに、そのことには考えがおよばず、自分と違う相手に腹を立てたり、ともするとさかんに相手を非難したり、攻撃したりします。

でも、そんなことをすれば、相手との関係は悪くなるばかりです。いい関係をつくろうと思うなら、相手と自分が違うことを受け入れ、その違いを尊重することです。

あなたがいつも相手との相違点を見つけては腹を立てているのならば、ぜひ次の催眠暗示を行なってみてください。きっともっと穏《おだ》やかないい関係をつくることができるようになるでしょう。

私はユニークでかけがえのない存在だ。この世にひとりしかいないユニークでかけがえのない存在だ。

違いを認めようとしない人に先手を打つ言葉

こちらが相手と自分の違いを受け入れていても、相手のほうがなかなかそれを受け入れようとしない場合、ちょっと困ったことになります。そういう人とはあまり関わり合いを持たないに越したことはないのですが、運悪く（？）親しくなってしまった場合はどうしたらいいのでしょうか？

相手はきっとあなたに自分と同じ価値観を持ってほしいと思うでしょうし、あなたが自分と同じような感じ方や考え方をするのが当然だと思うものです。だから、あなたに自分の考えを平気で押しつけてきたりするでしょうし、ものの好き嫌いにも同じであることを求めてきたりするでしょう。もしあなたがちょっとでも違うことをいったりすると、ご機嫌を損《そこ》ねてしまったりして厄介です。

そこでこういう人にはこちらから先手を打って、「あなたと私って、いろいろ

そして、人はみなそれぞれユニークでかけがえのない存在だ。

誰もがこの世にひとりしかいないユニークでかけがえのない存在だ。


だから、みんな違っていてあたりまえだ。違いがあるのは自然なことだ。

みんな顔も違うし、声も違う。

からだつきも違っている。

そして、生き方も違うし、価値観も違う。感じ方や考え方も違っている。

それがあたりまえだし、自然なことだ。私はその違いを大切にする。


私は私の生き方を大切にし、私の価値観を大切にする。

私の感じ方を大切にし、考え方を大切にする。


そして、私はほかの人の生き方を大切にし、価値観を大切にする。

その人の感じ方を大切にし、考え方を大切にする。


たとえそれが私の生き方や価値観と違っていても、私はその人の生き方や価値観を尊重する。

たとえ、私の感じ方や考え方と相容れなくても、私はその人の感じ方や考え方を尊重する。

そして、私はその人といい関係をつくることができる。

お互いに違いを尊重できるいい関係をつくることができる。

ユニークでかけがえのない存在として、その人を大切にし、その人に大切にしてもらえる。


な意味でずいぶんと違うよね。でも、だからこそ仲良くできるんだよね」といってやるのです。

　こういえば、相手はあなたと自分の違いについて不満をいうことができなくなります。相手にとって一番怖いのはあなたとの仲が壊れることだからです。

　できれば会うたびにこれをいってあげるといいでしょう。毎回毎回いわれていると、しまいに相手もあなたと自分の違いを認めざるを得なくなるでしょう。

人間関係・ビジネス編

必要とされる人になる

人から必要とされたとき力と元気が湧いてくる

自分がこの世に生きている存在価値を感じることができるのは、いったいどんなときでしょうか？　おそらく多くの人にとって、それは人から自分が必要とされていると思えたときではないでしょうか。

誰かが自分のことを必要としてくれている。自分を頼りにしてくれている。そう思えたら元気が出てくるし、力が湧《わ》いてくるものです。そして、自分に自信が持てるし、誇りを感じられるのではないでしょうか。

人から必要とされる人になりたかったら、「自分は必要とされている」というセルフ・イメージを潜在意識に強烈に焼きつけることです。

あなたも次の催眠暗示を行なって、必要とされる人になってみませんか？　きっと人生に確かな手ごたえを感じることができるはずです。

私には能力があり、たくさんの長所がある。知識もあるし、スキルもある。人間的な魅力もある。

そして、この私を頼りにしてくれる人たちがいる。私を必要としてくれる人たちがいる。

私はその期待に応えることができる。

私が持っているもので、その期待に応えることができる。

私の能力や長所で、私の知識やスキルで、私の人間的魅力で期待に応えることができる。

私は必要とされる人間だ。

多くの人に必要とされる人間だ。

多くの人が私を頼りにしてくれる。
私を必要としてくれる。
そして、人に必要とされることは私の活力になる。私の生きる力になる。
だから、私はみんなから活力をもらっている。生きる力をもらっている。
私には、私を頼りにしてくれる人たちがいる。私を必要としてくれる人たちがいる。
私はその期待に応えることができる。
私の持っているものでその期待に応えることができる。
私は必要とされる人間だ。
多くの人に必要とされる人間だ。

暗示文を唱えたら、今度はイメージングを行ないます。実際にあなたが人から必要とされている場面をイメージしていくのです。具体的には人から頼まれごとをされたり、相談を受けたりしているような場面を想像していくのです。相手があなたから何か教えを請《こ》おうとしているところを浮かべてみてもいいでしょう。

そして、引き続きその期待に応えてあげ、喜んでもらっているような場面もイメージしていきましょう。

最初は傍観者の状態でイメージを行ないます。そのあと当事者の立場になって同じ場面をイメージします。自分が人に必要とされて感じるうれしさや、期待に応えることができた喜びを実感しながらイメージを浮かべるようにしてください。

子どもに自分の存在価値を感じさせてあげる言葉

子どもは周囲の大人（特に親）から自分自身を無条件で受け入れてもらえると、自分自身に対して確かな存在価値を感じることができます。これはとても大切なことです。なぜならば自分の存在価値を感じられないと、子どもの心は健全な成長をすることができないからです。

子どもがいる人はぜひ次のような言葉をいってあげてください。あなたの子どもは自分自身の確かな存在価値を感じられるようになるでしょう。「お母さん（お父さん）は〇〇ちゃんと一緒にいるだけで幸せだよ」

人間関係・ビジネス編

自信を持って仕事ができる人になる

「できない」を「できる」というセルフ・イメージに塗り替える

仕事をするうえで自信があるということはとても大切です。自信があれば積極的に仕事に取り組んでいけるし、成果も上がりやすいものです。

最初から自信がある人はそうそういません。実際に仕事をするなかで、少しずつ成功体験を積み重ねていきながらだんだん自信が持てるようになるのです。

でも、いくら経験を積んでいってもなかなか自信が持てない人もいます。その場合、年数が長ければ長いほど、「自分は仕事ができない」というセルフ・イメージが強くなってしまっている可能性があります。

そういう人はぜひ次の催眠暗示を行なって、「自分は仕事ができる」というセルフ・イメージに塗り替えてください。俄然《がぜん》、自信を持って仕事ができるようになるはずです。

私には能力がある。
うまく仕事をこなし、優《すぐ》れた仕事をする力がある。

それに私には集中力があり、効率よく仕事に必要なさまざまな能力がある。
だから、私は自信を持って仕事をする。「自分はできる」という気持ちを持って仕事をする。

その自信を持って、私は積極的に仕事に取り組んでいく。

ね、意欲的に仕事に取り組んでいく。創意工夫を重ね、そして、私は毎日気持ちよく楽しく仕事をすることができる。

私は計画性に富み、十分な準備をして仕事を始めることができる。

そして、企画力があり、次から次へとおもしろいアイデアを生みだしていく。

く仕事を進めていくことができる。行動力があり、いろいろなことを迅速に処理していくことができる。

それから、私は優れたコミュニケーション能力を持っている。だから、チームのメンバーと協力しながら仕事を進めていける。ほかの人たちに掛け合って、力を借りることもできる。

そして、私には困難や障害を克服していく力が備わっている。持続力や忍耐力だってある。「絶対に成し遂げるんだ」という強い意志も持っている。

さらに私の仕事にかける情熱やエネルギーは誰にも負けない。

だから、私はきっちりと仕事を仕上げ、よい成果を上げることができる。そして、達成感を味わうことができる。満足感を得ることができる。私には能力がある。うまく仕事をこなし、優れた仕事をする力がある。仕事に必要なさまざまな能力がある。

だから、私は自信を持って仕事をする。「自分はできる」という気持ちを持って仕事をする。私はできる。仕事ができる。私は仕事ができる。

自信がない部下や後輩を勇気づける言葉

職場の部下や後輩のなかに、あなたから見て「もっと自信を持てばいいのに」と思うような人はいないでしょうか？まじめだし能力だってないわけではないのに、自信がないために仕事に対して消極的になったり、考え方もつい否定的になってしまうような人です。

そういう人には、まず「いまは自信がなくてもいいんだよ」といって安心させてあげるといいでしょう。そして、さらに次のような言葉で勇気づけてあげるのです。「小さなことの積み重ねが自信につながるんだよ」と。

人間関係・ビジネス編

新しい仕事は自分を伸ばすチャンス

潜在意識に前向きな考えを吹き込んであげる

新しい仕事を与えられたとき、ものすごく不安になってしまう人がいます。果たして自分にできるのだろうか、失敗するのではないだろうかと思い悩み、プレッシャーに押しつぶされてしまいそうになるのです。

そんなとき、その仕事を自分を伸ばすチャンスと考えてみたらどうでしょう。

そんなこと無理だ、と思うかもしれません。確かに意識的にそう思おうとしてもなかなか思えるものではありません。しかし、潜在意識を味方につけてしまえば話は別です。

自己催眠で潜在意識に「新しい仕事は自分を伸ばすチャンス」と吹き込んでしまうのです。次の催眠暗示を使えば、いまの不安は解消し、新しい仕事に前向きに向かっていけるようになるでしょう。

いま、私は大きなチャンスを与えられている。自分を飛躍させる大きなチャンスを与えられている。

これから始める仕事は私を伸ばすチャンスだ。私の才能や能力を伸ばしてくれるまたとないチャンスだ。この仕事が私の才能や能力を引きだしてくれる。いままで隠れていた才能や能力を引きだしてくれる。

そう思うとワクワクする。俄然《がぜん》、やる気が湧《わ》いてくる。早く仕事がしたくてウズウズしてくる。仕事を始めるのが楽しみだ。

私はこの仕事に全力を注ぐ。

新しい仕事に自分のエネルギーを惜《お》しみなく注いでいく。
そうすることで私の才能や能力が引きだされていく。眠っていた才能や能力が大きく開花する。

まさにこの仕事は私を伸ばすチャンスだ。私の才能や能力を大きく伸ばしてくれるまたとないチャンスだ。新しい私が生まれるチャンスだ。

私はこのチャンスを絶対に逃さない。必ずチャンスをものにしてやる。
だから、前向きに新しい仕事に取り組んでいく。自分の持てる力を存分に発揮していく。
そして、私は生まれ変わる。
素晴らしい私に生まれ変わっていく。

新しいプロジェクトに二の足を踏んでいる部下を発奮させる言葉

新しいプロジェクトを立ち上げるときに、ときどき自分がチームのメンバーとして選ばれることに二の足を踏んでしまう人がいるものです。

そういう人はそのプロジェクトに関わることに対して、自分がちゃんと責任を果たせるのか非常に不安になってしまうのです。そして、プレッシャーに押しつぶされてしまいそうに感じて、とても自分にはできないと思ってしまうのです。

これはもともと責任感が強く、完璧主義的な考え方をする人によくあることです。また、「期待に応えなければならない」という気持ちも人一倍持っている人が多いのです。

その人の性格や考え方がマイナスに作用して、新しいプロジェクトを前にして怖じ気づいてしまうわけですが、こういう人は向上心も並々ならぬものを持っている場合が多いのです。

もしあなたの部下が新規のプロジェクトに二の足を踏んでいるようだったら、その向上心を利用して次のようにいってあげるといいでしょう。「このプロジェクトで大きく成長するぞ」

こういう人にとって、「成長」という言葉は非常に魅力的に響くのです。それまでの不安が吹き飛んで、大いに発奮するはずです。

どんな問題やトラブルも切り抜けられる

「自分なら解決できる」という信念を持つ

仕事には問題やトラブルがつきものです。そのときその問題やトラブルをうまく解決できるかどうかで、仕事の成否は決まってくるといっても過言ではありません。

問題やトラブルが発生したときは、冷静に行動することが大切です。おろおろしたりパニックに陥《おちい》ったりしたら、解決できるものも解決できなくなってしまいます。

そんなとき「自分なら必ず解決できる」という信念があれば、落ち着いて問題に対処できるし、実際うまく解決できるものです。

次の催眠暗示を行なえば、これまで問題やトラブルのたびにあせったり、不安になっていた人でも、自分の問題解決能力に自信が持てるようになるでしょう。難しい問題やトラブルにぶつかってももう大丈夫です。

私には問題を解決する能力がある。冷静に考え、落ち着いて問題を解決する能力がある。

だから、仕事で問題やトラブルが発生しても私は動じない。どんな問題やトラブルでも、必ず解決できると信じているからだ。

問題やトラブルが起こったとき、私はまず心を静めることにする。そして、自分の潜在意識に尋《たず》ねてみる。何が問題なのかを潜在意識に尋ねてみる。

すると潜在意識は私に適切な答えを教えてくれる。何が問題でどこでこじれているのかを教えてくれる。

続けて私は潜在意識に尋ねる。どうやって問題を解決したらよいのかを尋ねてみる。

潜在意識はやはり答えを教えてくれ

る。そして、私に勇気を与えてくれる。必ず解決できるという確信を与えてくれる。

私は自信を持って問題にあたっていく。問題やトラブルの解決に全力を注いでいく。

そのとき私は落ち着きや冷静さも忘れない。そして、確実に問題になっている点を処理していく。

そうやって私は問題やトラブルを解決する。誰もが納得するような形で解決する。

私は問題やトラブルを解決できる。どんな問題やトラブルも解決できる。

取り越し苦労をする部下を安心させる言葉

心配性の人は何かと先のことを考えて、要《い》らぬ取り越し苦労をしてしまうものです。仕事においても、まだ何も問題やトラブルが発生していないのに、それが起こることを想像してあれこれと気を揉《も》んだり、やたらに不安に陥《おちい》ってしまったりします。

たとえば、ミスをしてしまうんじゃないか、納期に間に合わないんじゃないか、お客や取引先からクレームがくるんじゃないか、などと心配の種を見つけて頭を悩ませるのです。

問題やトラブルが起こらないようにするために慎重にことを進めることは大事ですが、心配しすぎて仕事の効率が悪くなったりストップしてしまったら困りものです。

あなたの部下にこういうタイプの人がいたら、よけいな心配をしないで目の前の仕事に集中できるようにしてあげることが大切です。そこであなたの太っ腹なところを見せて次のようにいってあげるのです。「大丈夫だ。いざとなったら俺が責任を取るから」

こういわれると、その部下は安心して仕事に取り組めるようになるし、持てる力を存分に発揮できるようになるでしょう。それに上司としてのあなたの包容力に意気を感じて、むしろいままで以上にがんばろうという気持ちにもなってくれるはずです。

人間関係・ビジネス編

「自分は稼げる」という自信が成功を生みだす

「自分はお金を稼げる」と信じることが大切

仕事をするのは何も収入を得るためだけではありませんが、でも収入を得るということはとても大切なことです。

世の中で成功してお金を稼いでいる人には、成功する前から「自分は稼げる」という自信を持っていたという人が多いものです。だから、稼ぎたかったら「自分は稼げる」と信じることです。

これは事業を行なっている人や、これから起業しようと考えている人はもちろんのこと、サラリーマンで高給を得たいと思っている人にも当てはまることです。

現在の収入に不満がある人、もっとたくさんのお金を稼ぎたいと思っている人は、次の催眠暗示を行なってください。あなたは確実に稼げる人に変身していくでしょう。


私にはお金を稼ぐ力がある。

それもたくさんのお金を稼ぎだす力がある。

私はお金に縁があり、自分の力でたくさんのお金を引き寄せることができる。

ビジネスの世界で私は自分の力量を思いっきり発揮する。

そして、いくらでもお金を稼ぎだすことができる。

私は価値のある仕事をして多く人々に貢献する。人に喜んでもらえるような仕事をして貢献する。

そして、その見返りとしてたくさんのお金を受け取ることができる。

私が貢献した分に見合うだけのお金を受け取ることができる。

私はお金の稼ぎ方を知っている。
それも正しいお金の稼ぎ方を知っている。私はその正しい稼ぎ方で堂々とお金を稼ぎだす。
よい仕事をして堂々と稼ぎだす。

私にはたくさんのお金と豊かな暮らしを手に入れる資格がある。

私は多くの収入を受け取るのにふさわしい人間だ。それだけの価値を持った人間だ。

そして、私はどんどん豊かになる。
たくさんのお金を手に入れ、豊かな暮らしを享受《きょうじゅ》する。

私にはお金を稼ぐ力がある。
たくさんのお金を稼ぐ力がある。
私はよい仕事をして堂々とお金を稼ぎだす。そして、豊かになる。
私は稼げる人間だ。
たくさんのお金を稼げる人間だ。

なかなか成果が出ないと悩んでいる人を励ます言葉

思いきって独立してみたもののちっとも軌道に乗らない。がんばっているのに上司に評価してもらえない。必死で営業活動をしているのに売り上げが伸びない。

このように一生懸命やっているのに思うように成果が上がらないと、焦燥感《しょうそうかん》を感じたり、自分はダメなんじゃないかと思ってしまうことがあります。

あなたの家族や友人になかなか仕事で成果が出なくて悩んでいる人がいたら、次のような言葉をかけて励ましてあげましょう。「あなたは大成功するような予感がする」と。

一緒に食事をしているときなどに、さりげなくいってあげるのです。理由を聞かれても答える必要はありません。「理由はわからないけど、なんかそんな気がする」といってあげれば、くどくどと理由を説明するよりも効き目があります。

優れたリーダーになる

リーダーとしての自信を持つ

リーダーとして、適切に部下を指導管理できないということで悩む人はたくさんいます。「自分にはリーダーとしての能力が欠けているのではないか」、「自分のやり方は間違っているのではないか」、などと思い悩むのです。

自分が下の立場でやっていたときは自信があった人でも、リーダーになったとたんに自信をなくしてしまうことがあります。それだけリーダーは大変だということでしょう。

しかし、リーダーになった以上はそんなことはいってられません。リーダーとしての確かな自信を持つ必要があります。

リーダーとして悩んでいる人は、次の催眠暗示を行なってみてください。きっと優《すぐ》れたリーダーとしての自信が持てるようになります。

私にはリーダーとしての優れた資質が備わっている。部下をうまくリードし、チームをまとめていく資質が

リーダー向きでないと思っている人に自信を与える言葉

昇進して初めて管理職になったり、チームのリーダーに任命されたときに、待ってましたとばかりに俄然《がぜん》張り切りだす人はたくさんいるでしょう。

しかし、その一方で新しいポジションを心から素直には喜べないという人もけっこういるものです。そういう人は、自分には部下を指導したり、チームをまとめる力がないと思っているのです。つまり自分はリーダー向きではないと思っているわけです。

そして、実際に新しい地位についたときに、自信のなさから部下やチームのメンバーに適切な指示をだしたり、注意することができなくて悩んでしまうことも多々あるのです。なかには悩みすぎてうつ状態に陥《おち》ってしまう人もいるくらいですから、深刻な問題です。

あなたの周囲に自分はリーダー向きでないと思っている人がいたら、次のよう

備わっている。

私は優れたリーダーだ。

リーダーとしての資質と見識を併せ持った優れたリーダーだ。


リーダーとして、私は部下に適切な指示をだすことができる。

また、必要なときによい助言を与えることができる。

問題が起きたときには的確な判断を下《くだ》し、対処することができる。


部下がミスを犯したとき、私はきびしく注意することもあれば、大目に見てあげることもある。

それは状況に応じて、また部下の性格に応じて匙加減《さじかげん》をする。

私にはその匙加減がよくわかる。


部下がよくやったとき、私は誉《ほ》めてあげることを忘れない。

がんばったときも、ねぎらってやることを忘れない。

そして、ここぞというときは強力に後押しをしてあげる。


私は部下たちの意見を調整し、チームとしてのまとまりもうまくつくっていく。目標に向かって全員が一丸となって進んでいけるように、協力体制を築いていく。


私は自信を持ってリーダーとしての責務を果たしていく。

優れたリーダーとして誇りを持って自分の仕事を遂行していく。

私は優れたリーダーだ。


にいってあげるといいでしょう。「なんであなたが選ばれたと思う？」

実はこの質問にはあなたにはリーダーの素質がある、という前提が隠れています。そして、こういうふうに質問されると、質問された本人もリーダーとしての素質を自分のなかに見つけようとするのです。そうなればしめたものです。

やがて彼（彼女）はリーダーにふさわしい要素が自分にもあることを発見し、自分自身をリーダーとして認めてあげることができるようになるでしょう。

人間関係・ビジネス編

売れる営業マンになる

セルフ・イメージを高めれば売り上げは伸びる

売れる営業マンと売れない営業マンの違いはなんでしょう？　そのひとつに意識の違いが挙げられます。「自分は売れる」と思っていると実際に売れることが多いのですが、逆に「売れない」と思っているとなかなか売れなかったりするのです。

このように営業マンとしての自分にどのようなセルフ・イメージを持っているかで、成果に差が出てくることもあるのです。

自分は売れないと思っている人が売れるようになるためには、その低いセルフ・イメージを高めてやる必要があります。

次の催眠暗示は自分は売れるというセルフ・イメージを持つことによって、営業成績を飛躍的に高めていくための暗示です。いま、営業に自信が持てないと思っている人も売れる営業マンに変身できます。

私はプロの営業マンだ。

プロとして確かな戦略とスキルを持った営業マンだ。

豊かな商品知識を持ち、お客さまに素晴らしいサービスを提供する営業マンだ。

そして、私は売れる営業マンだ。

毎月たくさんの契約が取れる優秀な営業マンだ。

毎日私は積極的に営業活動をする。

こまめに情報収集し、入念な準備をして仕事を進めていく。

そして、熱意と誠意を持ってお客様

と関わっていく。

直接お客様と話すときも、電話で話すときも、いつも私は親切に丁寧《ていねい》に話をする。

メールや文書でのやり取りもいつも親切・丁寧を心がける。

私は常にお客さまの話によく耳を傾ける。そして、お客さまのニーズをしっかりと把握する。

そのうえで私はお客さまの心に響くように説明をする。

自信を持って私の提供する商品(サービス)について説明をする。

それから、お客さまから質問や要望があれば、私は素早く対応する。

どんな質問や要望に対しても誠実に対応する。

こうした私の努力や姿勢が自然とよい結果につながっていく。

私はいつもたくさんの契約を獲得することができる。

営業マンとして私は毎月々々素晴らしい成績をだすことができる。

それは私にとってごくあたりまえのことだ。

私はプロの営業マンだ。

非常に優秀な営業マンだ。

だから、私はいつもたくさんの契約を獲得することができる。素晴らしい成績をだすことができる。

私は売れる営業マンだ。

新米の営業マンをやる気にさせる言葉

営業マンというと、口が達者で押しが強いというイメージを持っている人も多いかもしれませんが、その正反対の人でよい成績を上げている営業マンもたくさんいます。何が幸いするのかはその人しだいといってもいいでしょう。

あなたが新米の営業マンを指導する立場にいたら、次のような言葉をかけてあげましょう。「きみの……のところが営業向きだね」

性格や長所をほめて自信を持たせてあげるのです。営業向きでないと思っていた人でも、やる気と自信が出てきます。

集中力を高める

自分は優れた集中力の持ち主であると思うこと

仕事に集中することはとても大事なことです。集中していれば、能率が上がり順調に仕事がはかどっていきます。また、細かい点にもよく気がつきミスも少なくなります。だから、どんな仕事でも集中力は欠かせません。集中力はよく仕事ができる人になるための必要条件です。

集中力は自分で高めることができます。自己暗示の力を使えば、飛躍的に集中力を高めることができるのです。これは年齢に関係なく誰にでもいえることです。

次の催眠暗示を行なえば、潜在意識に自分が非常に優《すぐ》れた集中力の持ち主であることを植えつけることができます。そして、あなたは仕事にとてもよく集中できる人になるのです。もちろん仕事そのものもよくできる人になるのです。

私は優れた集中力の持ち主だ。
だから、ひとつのことにとてもよく集中できる。

仕事のときも私はよく集中できる。
持ち前の集中力を発揮して、目の前の仕事に集中できる。

集中しているから仕事がはかどっていく。流れるようにスムーズにはかどっていく。
だから、やることがいっぱいあるときも、集中力を働かせ、次から次へと仕事を片づけていける。

集中していると、細かい点にもよく目を配ることができる。
だから、ミスをすることもないし、正確に作業を進めることができる。

仕事を始めると、私の集中力はどんどん高まっていく。仕事をすればするほど私の集中力は高まっていく。

そして、仕事がおもしろいようにはかどっていく。

長時間仕事をしても、私は自分自身でうまくコントロールしながら、集中力を持続させていける。

もし頭が疲れたと感じたら、私は数回深呼吸をする。その深呼吸で私の頭はスッキリする。うまく気分転換ができる。

そして、再び私は集中して仕事に取りかかることができる。

私はどんな仕事に対しても集中力を発揮する。パソコンに向かって作業するときはその作業に集中する。

電話のときは会話に集中する。

企画を考えるときは、考えること自体に集中する。

会議のときは議論に集中する。

交渉の場では相手とのやり取りに集中する。

私はどの仕事をするときも、仕事全体の流れを考えながらひとつひとつの仕事に集中する。全体と部分の両方を見ながら仕事を進めていく。

だから、集中しながら時間管理も怠《おこた》らない。

私は仕事に集中する。

とてもよく集中する。

集中力を発揮してよい仕事をする。

私は仕事に集中できる。

落ち着きのない部下の集中力を高める言葉

落ち着きがなく、なかなか仕事に集中できない人。注意力も足《た》りず、しょっちゅうミスを繰り返す人。もっと気をつけるようにいっても、ちっとも改めようとしない人。あなたの職場にも思い当たる人はいませんか？

こういう部下に「ちゃんと集中しろ」と叱責しても、あまり効き目はありません。むしろよけい集中できなくなってしまうかもしれません。それよりも次のようにいってあげたほうが、ずっと効果があるでしょう。「集中しようと思わなくていいから、肩の力を抜いてやれ」

COLUMN 1

五感に働きかける催眠療法

一八世紀後半、オーストリアのウィーンにフランツ・アントン・メスメルという医者がいました。彼は動物磁気説という独自の理論を打ち立て、それに基づいて多くの患者の治療に当たりました。

彼によると、宇宙には磁気が満ちていて、人間の体内にもその磁気が流れ込んでいるといいます。そして、病気になるのは体内の磁気が不足したり、その流れが悪くなるからだと説明しています。

メスメルは自分のからだには大量の磁気が蓄えられていて、彼が患者のからだに触れて磁気を送ってやると病気はたちどころに治ると信じていました。実際、メスメルは多くの患者を治すことに成功し、大変な人気を博したのです。

メスメルはその後パリに出て開業しました。彼のパリの治療院は豪華な装飾が施され、部屋の真ん中には大きな桶が置いてあり、そこから四方八方に長い棒が突き出ています。患者はメスメルが現われるまでその棒につかまって待っています。

やがて隣の部屋から流れてくる楽団の演奏とともに、きらびやかなガウンをまとったメスメルが登場して患者ひとりひとりに触れていくのです。彼に触れられると、患者はからだが痙攣《けいれん》したり、泣き叫んだりし、やがて失神してしまうのでした。そして、再び意識がもどったときには病気もすっかり治っていたというのです。

これは一種の催眠療法です。それも五感に巧みに働きかけて行なうものです。特に視覚、聴覚、身体感覚（触覚）に訴えて、催眠状態に導き、患者の自然治癒力を引きだすものだったのです。五感を刺激すると、潜在意識が活性化し暗示も受け入れやすくなるのです。

学習・スポーツ編

PART 3

学習・スポーツ編

毎日、勉強する習慣を身につける

毎日勉強しないと気がすまなくなる

学力をつけるには、当然のことですが勉強しなければなりません。ところが、勉強する習慣が身についていないという学生も多いのではないでしょうか。社会人でも本当は勉強する必要があるのに、なかなか勉強する気になれないという人もいます。

そういう人の多くは、勉強するということはとても面倒でつまらないし、苦痛なことのように思ってしまっているものです。

でも、次の催眠暗示を行なえば、勉強することがけっこう楽しくなり、勉強する習慣も自然と身についていきます。きっと毎日勉強しないと気がすまなくなってくるでしょう。

なおこの催眠暗示と並行して、次の「勉強モードに切り替える」の項目で紹介する方法も行なうと、より効果も早く出てくるでしょう。

勉強は私にとってごくあたりまえの習慣だ。ご飯を食べたり眠ったりするのと同じように、ごくあたりまえ

子どもに勉強の習慣をつけさせる言葉

「勉強しなさい」と何遍《なんべん》も口をすっぱくしていっても、いっこうに子どもは勉強をしようとしない。しまいに業を煮やした親は怒りだし、子どももうるさがって激しい親子ゲンカが始まる。これは多くの家庭でよく見られる光景ではないでしょうか?

自発的に勉強する習慣ができていない子どもに、ただ「勉強しなさい」といっても、子どもが勉強することはありません。馬の耳に念仏でしかないのです。

こういう家庭では、親も子どもも勉強するといったら、何時間も机にかじりついて勉強することだと思っているものです。しかし、もともと勉強の習慣がない子どもに、何時間も勉強しろといっても無理な話です。

そこでまずはごく短い時間でもいいから勉強するように仕向けることが大切です。親としてはせめて一時間くらい

の習慣だ。

それもなかなか楽しく気持ちのいい習慣だ。


毎日決まった時間、私は勉強机の前に座り、勉強する。

ごくあたりまえのこととして勉強机の前に座り、ごくあたりまえのこととして勉強する。

そして、勉強を終えると私は気分がよくなる。やることをやった、という気になり気分がよくなる。


それに勉強すれば、必ずやっただけのことはある。少しでも勉強すると、私はより進歩し、賢《かしこ》くなれる。

知らないことを知ることができるし、わからないことがわかるようになる。

確実に進歩し、賢くなれる。


毎日勉強している私は、一歩一歩前進し、一歩一歩向上していく。

私はそれがうれしいし、楽しい。

自分がより進歩し、賢くなれることがとてもうれしいし、楽しい。


だから、勉強すると私は本当に気分がよくなる。勉強すると、うれしくなるし、楽しくなる。

そして、もう私は毎日勉強しないと気がすまない。勉強しないと損したような気分になる。


勉強は私にとってごくあたりまえの習慣だ。

それも楽しく気持ちのいい習慣だ。


はやってほしいと思っていても、そこはぐっとがまんして本当に短い時間、たとえば一〇分くらいからスタートさせるのです。そして、次のようにいってあげましょう。

「勉強は一日一〇分だけでいいよ」

一〇分なら勉強嫌いの子どもでも取り掛かることができます。それに自分でも本当は勉強しなくちゃいけない、という気持ちは持っているのですから、一〇分だけやろうと思うのです。こうして一〇分でも勉強の習慣がついたら、少しずつ分数を増やすように持っていくことはさほど難しいことではないでしょう。

学習・スポーツ編

勉強モードに切り替える

からだを揺らすだけで勉強をする気になる

勉強をしなくちゃいけないのに、どうもやる気になれない。勉強したくない。こう思っている人は、やる気になれなくてもいいから、とにかく勉強机の前に座ってください。そして、まず目を閉じて体を三～四分揺らしてください。力を抜いてゆらゆらとからだを揺らしていくのです。

三～四分揺らしたら、動きを止めます。そうすると先ほどまでとは違った気分になっていることに気がつくはずです。勉強をやってみようかなという気持ちになっているのです。

実際に勉強を始めてみると、自分でもびっくりするくらいに落ち着いて勉強できることでしょう。こうやってやる気になれないときでも自分で勉強モードに入ることができるのです。次の催眠暗示を並行して行なえばより効果も上がるでしょう。

勉強する気になれないとき、私は自分に特別な魔法をかけてあげる。やる気が起きなくても、とにかく私は勉強机の前に座る。そして、目を閉じてからだをゆらゆらと揺らし始める。右や左にゆらゆらとからだを揺らしていく。首や肩の力を抜いて、背中や腰の力も抜いて、ゆらゆらとからだを揺らす。そうやってからだを揺らしていると、なぜか気持ちが静まりとても落ち着いてくる。不思議なくらい気持ちが落ち着いてくる。三～四分からだを揺らしたら、私は

動きを止めて目を開ける。

すると自然に勉強しようという気持ちになっている。勉強をやってみよう、という気になっている。

魔法が効いて私は勉強モードに入ったのだ。

そこで私はさっそく勉強を始める。

気楽に勉強に取りかかる。

気持ちが落ち着いていて、スムーズに勉強を始めていける。

がんばらなくちゃ、という意識もなく、自然に落ち着いて勉強することができる。

いったん勉強を始めると、だんだん調子が上がってくる。不思議なくらい調子が上がってくる。

だから、勉強もはかどっていく。

おもしろいくらいに勉強がはかどっていく。

勉強していて疲れてきたら、私は再び目を閉じてからだを揺らし始める。からだの力を抜いて、三～四分ゆらゆらと揺らしていく。

そうすると、また気持ちが落ち着いてきて、勉強しようという気になってくる。

こうやって私はいつでも勉強モードに入ることができる。やる気にならないときでも、魔法を使えば簡単に勉強モードに入ることができる。

そして、気楽に勉強を始めることができるのだ。

勉強する気になれない子どもに勉強させる言葉

「勉強しなくてはいけない」と思っているのにどうもやる気になれないし、なかなか腰が上がらない。ついテレビを観《み》たり漫画を読んだりして、だらだらとすごしてしまう。

あなたの子どもがこういう状態に陥っているときは、次のようにいって上記の暗示文で紹介した魔法を教えてあげましょう。「まず机の前に座ってみなよ。そして、目を閉じて三～四分からだを揺らしてごらん。そうすると不思議と勉強しようという気になるよ」

やらせてみれば、効果てきめんです。

学習・スポーツ編

勉強に集中できるようにする

静かでゆっくりとした深呼吸を行なうと集中力が高まる

勉強するとき、集中することはとても重要です。集中しなければ、勉強したことも身にならないし、勉強そのものも続けられません。

集中力を高める方法にもいろいろありますが、もっとも即効性があるのは深呼吸をすることです。深呼吸といっても、勢いよくたくさんの息を吸い込み、一気に吐きだすような呼吸をするわけではありません。むしろ静かにゆっくりと時間をかけて息を吸ったり吐いたりするのです。

この深呼吸を勉強を始める前や勉強の途中で行なうと、非常に気持ちが落ち着き集中力が高まります。実際に勉強をしてみると、とてもよく集中して勉強することができます。

深呼吸の効果を高めるために、自己催眠を行なって次の催眠暗示を唱えていきましょう。

（最初に静かでゆっくりとした深呼吸を一〇回前後行なう。そのあとふつうの呼吸にもどしてから次の暗示文を唱えていく）

いま、私は不思議なくらい気持ちが落ち着いている。静かでゆっくりとした深呼吸をして、不思議なくらい気持ちが落ち着いている。

心が静まり、クリアになっている。

そして、頭もクリアで、冴《さ》え渡っている。

私は静かでゆっくりとした深呼吸をすると、いつもいまのように気持ちが落ち着く。

不思議なくらい気持ちが落ち着く。

そして、私が勉強するときも、最初に静かでゆっくりとした呼吸をしておくと、不思議なくらい気持ちが落ち着いてくる。

心が静まり、クリアになる。

頭もクリアになり、冴え渡ってくる。

私はその状態で勉強する。とても落ち着いた状態で勉強する。

落ち着いているから、よく集中できる。びっくりするくらいによく集中できる。

非常に集中力が高まり、私は勉強そのものに没頭する。

そのとき取り組んでいる内容だけに集中し、没頭する。時間の経《た》つのも忘れるくらい没頭していく。

そして、集中力とともに私の理解力や思考力、判断力や記憶力も高まり、私は密度の濃い勉強をすることができる。中味の濃い勉強をすることができる。

時間が経って疲れを感じたら、私はもう一度深呼吸をする。

そうすると、私は再び集中力を取りもどし、また集中して勉強することができる。

こうやって私は長い時間集中力を保ちながら、勉強を続けていける。

そして、密度の濃い、中味の濃い勉強をする。

勉強の前、勉強の途中に深呼吸を繰り返すことで、いつも私は勉強に集中できる。びっくりするくらいとてもよく集中できる。

そして、私は確実に学力をつけていける。確かな学力をつけていける。

集中できない子どもを集中させる言葉

小学校の低学年くらいの子どもが勉強に集中できる時間はごくわずかな時間だけです。だから、親が勉強を見てあげているときに、途中で子どもがそわそわしだしても、それはごく自然なことです。

それを「なんで集中できないの」と叱っても、子どもがかわいそうなだけです。

こういうときは「五分勉強したらひと休みしよう」といってあげましょう。そして、実際に五分間勉強したら「よく集中できたね。えらかったね」と誉《ほ》めてあげるのです。こうすれば子どもは少しずつ集中力を高めていくことができます。

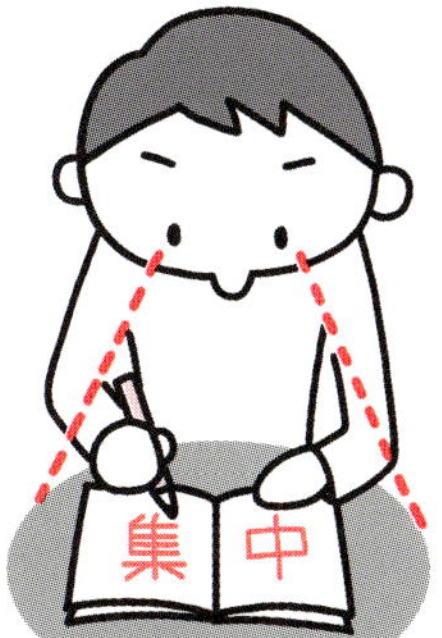

記憶力を高める

「覚えられる」、「記憶できる」と思うことが大切

学力を伸ばすうえで記憶力がネックになっている人がいます。必要なことがなかなか覚えられず、勉強が先に進まなくなってしまうのです。

そういう人は自分のことを「物覚えが悪い」とか、「暗記が苦手」と思っているものですが、そう思っているとますます記憶力が働かなくなり、覚えられるものも覚えられなくなってしまいます。

本当は落ち着いて取り組めばちゃんと記憶することができるし、思いだしたいときに思いだすことができるのです。そのためには、「覚えられる」、「記憶できる」と思うことです。

記憶力に自信が持てない人は次の催眠暗示を行なってください。あなたの記憶力はいまよりもずっとよくなっていくはずです。

私の脳は必要なときに必要な働きをしてくれる。

だから、必要なときに必要なことを記憶してくれるし、必要なときに必要なことを思いだしてくれる。

勉強中、何かを覚えようとすると、私の頭はとてもシャープになる。

そして、集中力が高まり、同時に記憶力も高まる。

私は必要なことを瞬時に記憶し、自分のものにする。

たくさんのことをみるみるうちに覚えていく。

まるでスポンジが水を吸い込むよう

に大量の知識を覚え込んでいく。

複雑なことも細かい点までよく覚えていく。

覚えたことは私の脳に定着し、確実に私の知識になっていく。

そして、それを私が思いだしたいときは、いつでも簡単に思いだすことができる。

私が必要なときにスムーズに思いだすことができる。


私は自分の記憶力に自信がある。

たくさんのことを短時間で記憶し、いつでもそれを簡単に思いだせるという自信がある。

私には優《すぐ》れた記憶力がある。

私は記憶力がいい。物覚えがいい。

子どもに暗記を好きにさせる言葉

本来子どもは新しいことを覚えることが大好きです。いままで自分が知らなかったことを知り、それを覚えて自分のものにすることは、子どもにとってとてもうれしいことなのです。

ところが、文字や数を覚えたりする段階で、すぐに覚えられなかったりしたときに、親や先生に叱《しか》られたり馬鹿にされたりすると、子どもはとたんに自信を失ってしまいます。そして、自分は物覚えが悪い、と思い込んでしまうようになるのです。

そうなると子どもは暗記することに対してアレルギー反応を起こすようになり覚えられるものも覚えられなくなってしまいます。

こうならないうちに親は手を打っておく必要があります。子どもが学校や幼稚園などで新しいことを習ってきたら、まずどんなことを教わってきたのか子どもに話をさせてあげましょう。

そして、たとえ子どもの覚え方がうろ覚えであったり、ちょっとくらいの間違いがあっても、大いに感心したふりをして次のような言葉をかけてあげるのです。「すごいね。覚えが早いね」とか、「物覚えがいいね」といって子どもを誉《ほ》めそやしてあげましょう。子どもは自分の記憶力に自信を持って、暗記が大好きになります。

学習・スポーツ編

苦手科目を克服する

少しずつでも勉強していけばだんだんできるようになる

どんな科目でもオールマイティーにできるという人はそういません。ほとんどの人は何かしら苦手な科目が必ずあるものです。

苦手な科目はなかなか勉強しようという気になりません。抵抗感が働いて、やろうという気が起きないのです。でも、勉強しなければいつまでたっても苦手なままでいるしかありません。

次の催眠暗示では、苦手科目でも抵抗感を感じずに気楽に勉強できるような方法を紹介しています。要はちょっとずつでもいいから勉強することです。

この方法を実践していけば、だんだん苦手意識も取れていきます。そして、うまくすればその科目はあなたの得意科目になるかもしれないし、好きな科目になるかもしれません。

私はいままで○○が苦手だと思っていた（○○のなかにはあなたの苦手科目を入れてください）。

でも、それはもう過去のことになりつつある。

いまの私は○○に対する苦手意識がだんだんなくなってきている。

そして、気楽に○○が勉強できるようになってきている。

勉強をするとき、私は好きな科目や得意な科目から始める。

好きな科目や得意な科目をやって調子がでてきたら、そこで私は○○を勉強する。

それもちょっとだけ勉強する。

そんなに長い時間やらなくていい。

本当にちょっとだけ勉強する。

ちょっとだけ○○を勉強したら、私はまた好きな科目や得意な科目を勉強する。
そうやって気分転換をしたら、もう一度私は○○を勉強する。やっぱりちょっとだけ勉強する。
短い時間だから気楽にできるし、ちゃんと集中もできる。
そして、いつのまにか○○の力がついてくる。
○○に対する苦手意識はますます薄れてきている。ちょっとずつ勉強しているうちに、私は○○もできるということがわかってきた。
私は○○ができる。ほかの科目と同じように私は○○ができる。

子どもの苦手意識を取り除いてあげる言葉

あなたの子どもが特定の科目に対して苦手意識を持っていたら、あなたはどうしますか？　たとえば、算数や理科は得意だし、ほかの科目もまあまあなのに、社会だけが不得意だとしたら、「算数や理科と同じように社会もがんばりなさい」とか、「ほかの科目以上に社会に力を入れなさい」とでもいうのでしょうか？

しかし、こんなふうにいったとしてもあまり効き目はありません。むしろよけい苦手意識が強くなってしまうかもしれません。

それよりもあなたのほうから社会に関して子どもが知っていそうなことを質問してみるのです。それも本当はあなたが知っていることでもまったく知らないふりをするか、忘れたふりをして質問するのです。

たとえば、「平城京の次って何京っていったっけ？」とか、「山梨県の県庁所在地はどこ？」というように、ごく簡単な質問をしてみるのです。そして、子どもが答えてくれたら、「こんなこと知ってるんだ、すごいじゃない」といってあげましょう。

「親も知らないことや忘れてしまっていることを自分は知っているんだ」と思えると、それが子どもの自信になります。そして、案外苦手意識もなくなってしまうのです。

学習・スポーツ編

試験で実力を発揮する

深呼吸すると落ち着けるように条件反射をつくる

ふだんいくら実力のある人でも、試験のときに萎縮《いしゅく》したり緊張してしまったら力をだしきることができません。不本意な結果に終わってしまうだけです。

これは一種のあがり症なのですが、試験でのあがり対策には深呼吸が有効です。68ページで記したように、勉強するときに静かでゆっくりとした深呼吸をすると、気持ちが落ち着き集中力が高まります。同様に試験のときも始まる前に深呼吸をしておくと、緊張が解消し落ち着くことができます。

試験のとき緊張して実力が発揮できないという人は、次の催眠暗示を行ない、深呼吸をするだけで落ち着けるように条件反射をつくっておきましょう。そうすればあなたは試験に強い人になれるのです。

（最初に静かでゆっくりとした深呼吸を一〇回前後行なう。そのあとふつうの呼吸にもどしてから次の暗示文を唱えていく）

私はいまのような深呼吸をすると、とても気持ちが落ち着く。だから、試験を受けるときも、私は始まる前にこの深呼吸をする。自分の席で静かにゆっくりと息を吸ったり吐いたりを繰り返す。そうすると、私はいまと同じように気持ちが落ち着いてくる。不思議なくらい気持ちが落ち着いてくる。なぜかどっしりとした安定感を感じ、平常心になれる。

そして、実際に試験が始まったら、私はそのまま平常心で試験を受けることができる。落ち着いて問題に取り組んでいける。

深呼吸をしておくと、集中力も高まり、私は問題によく集中できる。冷静に考え、適切な判断ができる。

そうやって私はスラスラと問題を解いていく。

気持ちが落ち着いているから、私は必要なことをスムーズに思いだし、答えもすぐにわかる。

そして、細かい点にもよく注意し、正確に解答する。

時間配分もよく考え、見直す余裕もある。

私はどんな試験でも平常心で受けることができる。

そして、実力を存分に発揮する。

私が持っている力を余すところなく発揮する。

試験であがってしまう人を安心させる言葉

試験になると、緊張してふだんの実力を発揮できなくなってしまう人はけっこういます。というよりは、誰でも試験になれば大なり小なり緊張するものです。ただそれを気にするかしないかで、緊張の程度も違ってきます。

気にする人の多くは、自分だけあがってしまうものと思い込み、そういう自分をダメだと責めたりもします。そして、気にすれば気にするほどますます緊張してしまうのです。

あなたの家族や友人で、試験のときにあがってしまうという人がいたら、次のようにいってあげましょう。「試験なんだから緊張するのはあたりまえだよ」

こういってあげればその人はずいぶんと安心できるでしょう。そのうえでさらに次のようにもいってあげるのです。「深呼吸すれば、ほどよい緊張が保てるよ」

学習・スポーツ編

いろいろな知識を吸収できる自分になる

知的好奇心を働かせ貪欲に知識を吸収する

知は力なり、といわれるように価値ある知識を持つことは大きな強みになります。もちろん知識が豊富にあればそれで幸せになれるとか、豊かな人生が送れるというわけではありませんが、知識を豊かにすることで私たちは自分自身をより高めていくことができます。

いろいろな知識を吸収して自分を高めていくためには、何よりも好奇心を働かせることが大切です。常に旺盛な好奇心を持っていれば、よい知識にめぐり合うチャンスも増え、その知識をスムーズに吸収することができます。

次の催眠暗示はあなたの知的好奇心を大いに刺激してくれることでしょう。毎日この暗示を唱えていると、あなたは貪欲な知的探究者となり、よりよい自分になっていけるのです。

私は常に自分自身を高めたいと思っている。常に向上し、よりよい自分になりたいと思っている。

恋人や友人の知的好奇心を引きだす言葉

恋人や友人と話をしていて、何かもの足りないな、と思ったことはありませんか？　それはいつも同じような話ばかりしていて、あなたがマンネリを感じてきているのかもしれません。そして、ひょっとしたらあなたの心のなかに、もっと中身のある話をしたいという欲求が芽生えてきているのかもしれません。

たとえば、遊びとか仲間うちの話ではなく、知的な話や深みのある話をしたいと、あなたが思い始めている可能性があるのです。

もしそうだとしたら、あなたのほうで相手がそのような話に興味や関心が向くように仕向けることが必要になってくるでしょう。

といっても、いままで一緒にたあいもない話ばかりしていたあなたがいきなり高尚《こうしょう》な話を持ちだしても、相手は面食《めんく》らうだけかもしれません。

そのために私はいつも旺盛な好奇心を持ち続ける。そして、さまざまな知識を吸収していく。


知は力だ。とても強い力だ。

知っているということは私の武器になる。強力な武器になる。

だから、私は貪欲に知識を求める。

心のアンテナを張りめぐらせ、価値ある知識を追い求める。

どこに行くときも誰と会うときも、私は知識を追求することを忘れない。


毎日さまざまな情報が私の好奇心をそそり、私を刺激する。

私はたくさんの本を読み、たくさんの人から話を聞く。

そして、そこからいろいろな知識を吸収する。


新しい知識に触れるとき、私は偏見や先入観にとらわれない。心をオープンにして新しい知識を受け入れる。

そうやって私は日々更新されていく。

多くの知識を吸収し、私はよりよい自分になる。自分をより高めていける。知識は私を強くする。私を新しくする。

私は常に旺盛な好奇心を持ち続ける。そして、貪欲に知識を求め、吸収していく。

自分を高めるために、よりよい自分になるために、いろいろな知識を追い求め吸収していく。


そこで相手の知的好奇心を引きだすために、次のようにいってみたらどうでしょう。「○○さんって物知りだよね」

そして、続けて「あの人みたいになんにでも興味を持てる人って素敵だよね」とつけ加えるのです。

きっと恋人や友人の心のなかにも、自分も物知りになって、もっと素敵な人になりたいという気持ちが生まれてくるのではないでしょうか。そして、近い未来にあなたはその人と中身の濃い話ができるようになるでしょう。

学習・スポーツ編

資格を取って選択肢を広げる

勉強に対する強い意志と意欲を持つ

先行き不透明ないまの時代、資格の取得を目指す人が多くなっています。資格を取れば絶対それで食べていけるとか、人生が安泰《あんたい》ということにはならないかもしれませんが、選択肢が増えることは確かでしょう。

しかし、実際に資格を取得するまでの道のりはなかなかきびしいものです。特に社会人の場合、勉強時間を確保することが難しいし、仕事と勉強のバランスを取ることも大変です。相当な覚悟と絶対に資格を取るという信念を持って臨《のぞ》まないと、ちょっとしたことで挫折《ざせつ》してしまうことになりかねません。

資格取得を目指す人はぜひ次の暗示を行なってください。勉強に対する強い意志と意欲が芽生え、目標に向かってコツコツと努力を続けていけるようになるでしょう。

私は○○の資格を取得する。
○○の資格は私のものだ。
私はもうすでに○○の資格を取得することに決まっている。
私の潜在意識が○○の資格を手に入れることに決めているのだ。
あとはそれが一日も早く現実のものになるように勉強すればいい。
だから、私はひたすら勉強する。
○○の資格の取得に向けて、ひたすら勉強する（○○のなかには、あなたが取得したい資格名を入れてください）。
○○の資格を取れば人生の選択肢が広がる。それだけ私の可能性が広が

っていく。

私はそのことがよくわかっている。

だから、どんなに忙しくても私は勉強を怠《おこた》らない。

どんなに疲れていても勉強する気力が湧《わ》いてくる。


毎日、私は勉強する時間を確保する。

そして、時間を有効に使い、コツコツと勉強する。

その一日一日の積み重ねがとても大切だ。その一日一日の積み重ねが私の実力を確かなものにする。


もし怠《なま》け心が顔をだしてきたら、私は毅然《きぜん》とそれをはねのける。

一日でも無駄にできないことを知っているから、怠け心に打ち勝つのだ。


そして、いつものように私は勉強を始める。私の可能性を思い浮かべて勉強にとりかかる。


私はどこに行くときも、いつでも勉強できるように用意しておく。

必ずテキストや問題集を持っていく。

そして、少しでも時間が空《あ》いたらその場で勉強する。

たとえ一五分でも勉強すれば勉強しただけのことがある。

その努力がとても大きいことを私はよく知っている。


私は毎日ひたすら勉強する。
○○の資格の取得に向けてひたすら勉強する。私の素晴らしい未来のためにコツコツと勉強する。

資格取得を目指す人を励ます言葉

資格取得を目指している人にとってつらいのは、勉強が思うようにはかどらないときです。また、模擬試験を受けて点数が悪かったりすると、落ち込んでしまいやすいものです。

あなたの友人や知り合いで資格取得を目指している人がいたら、ぜひ次のような言葉をかけて励ましてあげましょう。

「○○さんは……（資格）に向いていると思うよ」

きっとその人は自分のことを見ていてくれる人がいることがわかって、勇気や元気が出てくるでしょう。

学習・スポーツ編

限界を突破する

限界ではなく単なる壁と考える

水泳や陸上などのアスリートにとって、記録を伸ばすことは大きな関心事です。ほんのわずかでも記録が伸びればとてもうれしいでしょうし、みんなそのために日夜努力しているのです。

ところで、順調に伸びていった記録があるところでピタッと止まってしまうことがあります。そのときこれが自分の限界と思ったら、もうそこでおしまいです。

しかし、それは限界ではなくひとつの壁と考えてみたらどうでしょう。壁ならばいつか乗り越えられる可能性が残されています。

次の催眠暗示はその壁を打ち破っていく力を引きだすための暗示です。毎日行なっていけば本来持っている潜在力が引きだされ、新記録の達成もけっして夢ではなくなるでしょう。


私には秘めた力がある。

アスリートとしての大きな潜在能力がある。

まだ掘り起こされていないけれど、私のなかに大きな潜在能力が存在している。

だから、私は壁を打ち破ることができる。記録の壁を打ち破ることができる。

そして、夢の○○という記録を実現させることができる（○○のなかにはあなたが達成したいと思っている記録を入れてください。タイム、距離、高さなどを数字にして入れてください）。

私には素晴らしい能力がある。

アスリートとしての素晴らしい能力がある。

いま、私はその素晴らしい能力を思いっきり開花させ、大きな自信と誇りを感じている。

そして、喜びを爆発させている。

それは私が壁を打ち破ったからだ。私の目の前に立ちはだかっていた壁を打ち破ることができたからだ。


いまこの瞬間、私は長い間の夢を実現したところだ。夢の〇〇という記録を達成したところだ。いままでの努力が身を結び、私は見事に壁を打ち破ることができた。

そして、夢の〇〇を達成したのだ。

もう夢は夢ではなくなった。

現実のものになったのだ。

私の胸は喜びではち切れそうになっている。心の底から喜びが湧《わ》き上がってくる。

ふと気がつくと、思わず雄叫《おたけ》びを上げている自分がそこにいる。


私は自分を誉《ほ》めてあげる。

よくやった、と誉《ほ》めてあげる。

そして、アスリートとしての自分にますます自信を深めている。

努力に努力を重ね、壁を打ち破ったことに大きな自信を感じている。

私は壁を打ち破ったのだ。

夢を実現したのだ。

私はこの自信を持ってさらに自分を伸ばしていく。より高い目標を目指して自分を伸ばしていく。

そして、私はこれからも壁に挑戦し続け、それを打ち破ってみせる。

選手の壁を突破させる言葉

あなたが水泳や陸上などの選手の監督やコーチをしている人ならば、これまでに何度でも選手が記録の壁にぶちあたった体験があるはずです。

現在あなたの選手がまさに壁にぶつかっていたら、次のようにアドバイスしてあげましょう。「きみはアスリートとしてのすごい能力を持っているんだよ」

そして、「記録のことは忘れて、のびのびとやってみよう」ともいってあげるのです。選手はあなたの言葉で気持ちが楽になり、案外簡単に壁を突破するかもしれません。

学習・スポーツ編

勝負強さを身につける

ここ一番というときに実力を発揮できるようにする

試合で勝つためには選手としての実力はもちろんのことですが、勝負強さも必要です。

実力のある選手でも、試合の大事な場面で取り返しのつかないミスをしてしまったり、プレッシャーに押しつぶされて力を発揮できなかったりということはよくあることです。せっかく実力があるのに肝心の試合で力がだしきれないというのは、とてももったいないことですし、本人も悔《く》やんでも悔やみきれないものがあるでしょう。

このような悩みを抱えている人は、ぜひ次の催眠暗示を行なってください。ここ一番というときに必要な図太さや粘り、冷静さが持てるようになります。あなたは実力と勝負強さの両方を兼《か》ねそなえた頼もしい選手になれるのです。


私には勝負強さがある。

ここ一番というときに力を発揮する勝負強さがある。

試合のなかでここは絶対にミスできないという場面でも、私は冷静に落ち着いてプレーすることができる。

自分のプレーをすることができる。

そして、本来の力を発揮する。

それが私の勝負強さだ。

大きなプレッシャーがかかるような場面でも、私はそれを力に変えることができる。

そのプレッシャーを自分の味方につけ、やるべきことをやっていく。

むしろプレッシャーがかかればかか

るほど、私はより力を発揮することができる。

それが私の勝負強さだ。


たとえ絶体絶命のピンチに立たされても、私は動じることがない。

自分が勝てると信じているから、最大のピンチもチャンスに変えることができる。

がまんしていれば必ずチャンスは訪れるものだ。だから、私は粘りに粘ってチャンスをものにする。

それが私の勝負強さだ。

私には勝負強さがある。

ここ一番というときに力を発揮する勝負強さがある。どんなときにも力を発揮する勝負強さがある。

ここ一番というときに 選手にかけてあげる言葉

試合で相手と競《せ》っているときのように非常に緊迫した場面では、選手のメンタル面での強さが必要になります。冷静さを失ってつまらないミスをして自滅したり、勝ちを意識しすぎて硬くなったりしたら相手にやられるばかりです。選手が自分の精神状態を上手にコントロールできないと、ここ一番という大事な場面を乗りきっていくことはできません。

しかし、どんなにメンタル面の強い選手でも、いつも自分自身をうまくコントロールできるとはかぎりません。特に大きな大会で勝敗の分かれ目といった場面だったりすると、ふだんは冷静な選手でも意外なもろさが露呈《ろてい》してしまうことだってあります。

そんなときはやはり監督やコーチの言動がものをいいます。あなたがその立場にあったら、まずあなた自身が冷静な気持ちを持ち、落ち着きはらった態度を取ることが大切です。そして、次のような言葉を選手にかけてあげるのです。「勝敗のことは考えなくていいから、いま必要なことだけに集中すればいいんだよ」

勝つか負けるかは横に置いといて、目前のプレーだけに集中できるようにしてあげるのです。そうすれば選手は冷静さを取りもどし、本来の実力を発揮することができるようになるでしょう。

学習・スポーツ編

単調なトレーニングを楽しく

楽しいトレーニングのほうが効果も上がる

筋力トレーニングなどのトレーニングでは、単調な動作を何遍《なんべん》も繰り返し行ないます。また、野球やテニスの練習で行なう素振りなども同じ動作の繰り返しです。こうしたトレーニングはその単調さゆえにあまり歓迎されません。どちらかというと嫌いだという人も多いはずです。

でも、いくら嫌いでもやらないわけにはいきません。どうせやらなければならないなら、楽しくやったほうがいいに決まっています。それに脳科学的な見地からも、楽しくやったほうが効果も上がるといわれています。

次の催眠暗示は単調なトレーニングでも楽しく行なえるようにするためのものです。あなたも楽しく効果的なトレーニングをしてみたらいかがでしょう。


私はどんなトレーニングでも楽しむことができる。

自分でいろいろと工夫をして楽しんでしまうのだ。

だから、単調なトレーニングでも、私は楽しく行なうことができる。

トレーニングをするとき、私は自分のからだをどのように使ったらよいか考える。どのようにからだを使えば効率よくからだを鍛えられるか（技術が向上するか）、頭を使って考える。

力の入れ方、抜き方、動かし方、いろいろと工夫の余地はある。

それを私は頭を働かせて考える。

だから、トレーニングは頭の体操だ。

私はそれが楽しい。

そのとき単調なトレーニングは単調なものではなくなる。

おもしろいゲームになるのだ。

だから、トレーニングは楽しい。

ときとしてトレーニングは私が無心になるための時間になる。

何もかも忘れて無になる時間になる。


だから、トレーニングは瞑想《めいそう》だ。

私はその瞑想を楽しむ。

私はトレーニングを楽しむことができる。どんなトレーニングでも私は大いに楽しんでしまう。

楽しんでやっているうちに、あっという間に時間がすぎていく。

トレーニングは私にとって有意義で楽しい時間だ。

選手に飽きずにトレーニングさせる言葉

どんなスポーツでも基礎は重要です。そして、その基礎はふだんの基礎的なトレーニングによって培《つちか》われるものです。

基礎が重要だということは誰もが異口同音にいうことだし、選手もさんざん聞かされて知っています。しかし、どうしてそれが重要なのかといったら、案外わかっていない選手も多いのではないでしょうか。

ちゃんと納得していないと、人は動かないものです。理由がわからなければ、基礎的なトレーニングをすることに対しても、なかなかやる気にならないし、やっても根気が続かず、すぐに飽きてしまいます。

そこであなたがトレーナーやコーチをしていたら、トレーニングに対する選手のモチベーションを高めるために次のようにいってあげたらどうでしょう。「こういう単調なトレーニングって、いったいどういう意味があるんだろうって疑問に思ったりするよね。でも、基礎がしっかりしていれば、どんなプレーもこなせるよ」

選手にとってどんなプレーでも思いどおりにこなせるということは、とても魅力的なことです。あなたがトレーニングの際にときどきこの言葉をいってあげれば、選手はトレーニングの意味をよく理解し、意欲的にトレーニングに励むようになるでしょう。

学習・スポーツ編

柔軟なからだをつくる

潜在意識を味方につけてからだを柔らかくする

スポーツをするうえで柔軟性はとても重要です。柔軟なからだを持っている人のほうが、そうでない人よりもいろいろな意味で有利なことは誰の目にも明らかなことです。そして、一流の選手はみな柔軟なからだの持ち主です。

柔軟なからだをつくるには当然それなりのトレーニングが欠かせませんが、潜在意識を味方につけるとより早くその効果を上げることができます。それは人間の心とからだが密接に結びついているからです。「柔軟なからだを手に入れられる」と信じることができれば、からだは素早く変化していくのです。

からだが硬いと悩んでいる人には次の催眠暗示が大いに役に立ちます。毎日この暗示を続けていけば、確実にからだは柔らかくなっていきます。

私のからだは柔軟性に富んでいる。全身の筋肉がしなやかで、弾力性を持っている。

私は非常に柔軟なからだの持ち主だ。私のからだじゅうどこの筋肉を取っても本当に柔らかくてしなやかだ。しかも強くてしっかりしている。首も肩も背中も腰も、柔らかくて弾力性がある。だから、自由に曲げたり伸ばしたり反らしたりできる。胸やおなかもそうだし、腕や脚も私の思いどおりに動かせる。

練習中でも競技中でも、私はこの柔

軟なからだを使ってよい動きをする。

無駄のない適切な動きをすることができる。柔軟だから効率のいいリズミカルな動きができる。

それはしなやかで、しかもシャープな動きだ。

練習中はもちろんのこと、競技中に私は最高の動きを見せて素晴らしい成績を上げる。

柔軟なからだは私の宝物だ。

私は柔軟性をこれからも保ち続けていく。そして、トレーニングを積んでますます柔軟なからだをつくっていく。

それがアスリートとしての私の自信と誇りとなる。

私のからだは柔軟性に富んでいる。

全身の筋肉がとてもしなやかで、素晴らしい弾力性を持っている。

私はこのからだを維持し、ますます磨きをかけていく。そして、アスリートとして一段と成長していく。

積極的に柔軟なからだづくりをさせる言葉

競技生活をしていうくえで柔軟なからだづくりが大切だとわかっていても、基礎的なトレーニングと同様になかなか意欲的に取り組むことができない選手も多いのではないでしょうか？　それは基礎トレーニングもそうですが、単調で退屈な動きを何遍《なんべん》も繰り返さなければいけないからです。

選手が柔軟なからだづくりに励むようにするには、柔軟性を増すことの意義をはっきりと選手自身に自覚させることが重要です。あなたが監督やコーチなら、選手に次のようにいって積極的に柔軟なからだづくりをするように仕向けてあげましょう。「からだが柔軟になると、ケガもしづらくなるし、プレーにももっとキレが出てくるよ」

柔軟性を高める意義を理解すれば、トレーニングも楽しくなることでしょう。

学習・スポーツ編

持続力をつける

最後までがんばりとおす自分になる

スポーツの試合では、体力を消耗して疲労が限界に達したとき、そこで持ちこたえられるかどうかが勝敗の鍵を握ることになります。つまり持続力の有無が違いを生むのです。また、持続力があればきびしい練習にも耐えられるものです。

持続力を養うには、当然そのための肉体的トレーニングが欠かせません。しかし、持続力には精神的な要素も含まれています。むしろそれはかなり大きな要素といってもいいかもしれません。だから、メンタルの部分を鍛えることも重要になってきます。

持続力に自信が持てないという人は、肉体的なトレーニングとは別に次の催眠暗示を行なってみてください。最後までがんばりとおす「強い自分」を手に入れることができます。

私には持続力がある。
長丁場《ながちょうば》で粘れるだけの持続力がある。
だから、どんなにきびしい練習でも

頑張りのきかない選手をパワーアップさせる言葉

どんなに運動能力があり、優れたプレーができる選手でも、試合が長丁場になったときにがんばりがきかなければ、なかなかいい成績が上げられないものです。

持続力があり、がんばりのきく選手になるには、上述したように肉体面と精神面の両方の強化が必要です。どちらが欠けても片手落ちになります。

あなたが監督やコーチなら、選手にスタミナをつけさせて、長い時間持ちこたえられるからだをつくるように指導しなければなりません。その方法は専門家のあなたならよく知っていることでしょう。

では、精神面の強化はどのようにしたらいいのでしょうか？　実はがんばりのきかない選手というのは、「自分はがんばれない」と心のどこかで思っている場合が多いのです。その思い込みそのものが、長丁場になったときに集中力を途切

どんなにハードな試合（レース）でも
私はがんばりとおす自信がある。
この持続力はいつも私を助けてくれる。私を守ってくれる。
だから、持続力は私の頼りになる武器だ。いざというときにとても頼りになる私の武器だ。

苦しい練習でも、持続力があるから私はがんばれる。

どんなにきつくても、私はへこたれたり音《ね》を上げたりしない。歯をくいしばって最後までやりとおす。

持続力があるからだ。

試合（レース）のときも持続力があるから私はがんばれる。


たとえ疲れがピークに達しても、私は集中力を切らさない。

体力の限界となるがまんのしどころで、踏ん張ってみせる。

どんなに苦しくても絶対に投げだしたりしない。

そのときこそ持続力にものをいわせて驚異のがんばりを見せてやる。

最後の最後までがんばってみせる。


日ごろから私は肉体的にも精神的にも自分を鍛えている。強い自分をつくるために、自分を鍛え続けている。

そして、私は持続力を手に入れた。

だから、持続力は私の努力の賜物《たまもの》だ。

私はこれからも努力を惜《お》しまない。

自分を鍛え続け、ものすごい持続力をつけてやる。


れさせ、闘争心を弱め、最終的にはスタミナそのものも切らせてしまうのです。

もしあなたが指導している選手ががんばりがきかないようだったら、日ごろから次のようにいってあげましょう。「きみには底力がある。どんなに疲れてきても自分を信じれば底力が出てくるよ」

きつい練習で選手が苦しそうにしているときなどに、この言葉をかけてあげるのです。選手はあなたの言葉に励まされて苦しさを乗り越えていけるでしょう。そして、試合の苦しい場面でもがんばれるようになるのです。

学習・スポーツ編

必勝法

「絶対に勝つ」と思えば「勝てる人」になる

スポーツをする人が試合（レース）に臨むとき、最大の関心はなんといっても勝つか負けるかということでしょう。

勝つためには勝利への執念を持つことが大切です。単に「勝ちたい」とか「勝てたらいいな」程度の気持ちだと、なかなか勝利の女神は微笑《ほほえ》んでくれません。

「絶対に勝つ」という強い気持ちを持つことが必要です。そういう気持ちがあれば競《せ》り合いの場面でも強いし、実力以上の力を発揮することだってあるのです。

ここのところ勝利に縁がないという人、いつもあと一歩のところで勝利を逃してしまうという人は、次の催眠暗示を行なってください。あなたの闘争本能に火がついて、「勝てる人」になれるでしょう。

どんな試合（レース）でも、私（集団競技の場合は「私たち」にしてください）は必ず勝つという気持ちで戦う。何がなんでも絶対に勝ってやるという気持ちで戦う。

だから、私はいつも気を抜くこともないし、油断することもない。

また、ピンチに立たされても、絶対にあきらめたりしない。最後の最後まで戦い抜いていく。

勝利をものにするまでひたすら戦い抜いていく。

私には相手の実力も関係ない。

相手が自分よりも上だろうが、下で

あろうが関係ない。
だれが相手であろうと私は勝つことしか考えない。
私のやることは自信を持って堂々と戦うことだけだ。
闘争本能に火をつけて熱く激しく戦うことだけだ。

いつも私は自分の勝利を信じている。
絶対に勝つ、と信じている。
私が勝たなくて誰が勝つ、と思っている。
その信念が私に勝利をもたらす。
その信念が勝利の女神を引き寄せてくれる。
私は勝つ。いつも私は勝つ。
勝者の栄冠は常に私のものだ。

私は勝つ。私は永遠の勝者だ。

次の試合（レース）の予定が決まっている人は、暗示文のあとでイメージングを行ないましょう。あなたが勝者としてその試合（レース）を征すところをイメージするのです。

まず最後の勝利の瞬間をイメージします。そして、勝利の喜びや感動を感じてください。集団競技の場合は、仲間たちと喜びを分かち合っているところも浮かべてください。

そのうえで今度は試合（レース）の開始から最後までをイメージしていきます。このときは考えられるさまざまな展開パターンを想像するとよいでしょう。どんな展開になっても対応できるようにするためです。

選手に勝つ自信を与える言葉

選手を勝利に導くには、まず選手を指導している監督自身が絶対に勝てるという自信を持つことが大切です。監督の強い自信が選手にも伝染するからです。

あなたが監督なら試合の前に、また競《せ》り合いになったときに、次の言葉をきっぱりと選手にいってあげてください。それも選手の目を見て自信を持っていうのです。「おまえが勝たなくて誰が勝つ」

選手はあなたの言葉から勝利のイメージをはっきりと思い浮かべることができ、自信を持って試合に臨むことができるでしょう。

学習・スポーツ編

できないことでもできるようになる

「自分はできる」と思うことが大切

スポーツをやっていて、何遍《なんべん》練習してもうまくできない技やプレーというものがあります。いくら練習してもできないと、できないということがあたりまえになって、マスターすることをあきらめてしまうことがあります。でも、それは非常にもったいないことです。

できないことをできるようにするには、「自分はできる」と思うことです。それもすでに「できるようになっている」と思うことが大切です。自己催眠を使えば、そう思うことはそんなに難しいことではありません。

いま現在自分にできない技やプレーのことで悩んでいる人は、次の催眠暗示を行なってください。繰り返し行なっていけば、不可能が可能に変わります。いままでできなかったことができるようになっていきます。


私は○○ができる。

私は○○がとてもうまくできるようになっている。ごく自然に楽々と○○ができるようになっている（○○のなかには、いままであなたができないと思っていた技やプレーを入れてください）。

以前の私だったら、○○は難しいと思っていた。
○○をマスターすることはとても難しいと思っていた。
でも、それは私の思い込みだった。

私は自分で勝手に難しいと思い込んでいただけだ。

そして、難しいと思って真剣に取り組むことをしなかった。

いまの私は違う。

いまの私は「なんでもできる」と思って本気でぶつかっていく。

本気でぶつかるからどんなことでもできるようになる。

そして、いま私は○○ができるようになっている。それもごく自然に楽々とできるようになっている。

私は○○ができるようになった自分に感動している。自分のことを「すごい」と思っている。

そして、○○ができるのだから、私はほかのこともできると信じている。だから、私はどんなことにも本気でぶつかっていく。なんにでも積極的にチャレンジする。

暗示を唱えたらイメージングを行ないます。あなたができるようになりたいと思っている技やプレーをすでにマスターし、難なくそれをやっているところをイメージします。そうすることで暗示文の効果が非常に高まるのです。最初に傍観者の状態で、その次に当事者の状態でイメージを浮かべます。

また、どちらの状態で行なうときも、初めは実際にプレーするときよりもかなりゆっくりとした速さで浮かべてください。

細かい動きも省《はぶ》かずに丁寧《ていねい》に浮かべていきます。何遍かそれを繰り返したら、今度はふつうの速さで浮かべるようにしましょう。そして、また何遍も繰り返します。

「できない」という思い込みを打ち破ってあげる言葉

特定の技やプレーがなかなかマスターできないと、選手はそれがものすごく難しいことのように思ってしまうことが多いものです。

この思い込みは監督やコーチのちょっとした言葉で簡単に打ち破ってあげることができます。次の言葉がそうです。

「できるとできないの違いは、紙一重の差なんだよ」

紙一重の差といわれると、高い壁と思っていたことが乗り越えられるような気がしてくるし、実際にその技やプレーができるようにもなっていくのです。

COLUMN Ⅱ

自己暗示の効果を高める凝視法

凝視法というのは、他者催眠でよく使われる催眠誘導法です。これは一九世紀半ばにイギリスのマンチェスターで開業していた外科医ジェームズ・ブレイドが開発した技法です。

　ブレイドが行なったのは、被催眠者にガラス瓶の先など光る物体をじっと見つめさせ、暗示によってしだいにまぶたが閉じていくように誘導するものです。そして、目を閉じた時点で催眠状態に入ると考えたのです。

　ちなみにブレイドは「催眠」という言葉の名づけ親です。彼は催眠状態に入った人が外から見るとまるで眠っているように見えることから、「眠り」を意味するギリシャ語から、「ヒプノティズム」(催眠)という言葉を使ったのです。

　さて、現代でも凝視法は一般的な誘導法ですが、必ずしも光る物体を使う必要はありません。催眠者の指先などをじっと見つめさせるといった方法で行なわれたり、壁に刺した画鋲《がびょう》など何か小さな一点を見つめるというものでもいいのです。

　ところで、一点だけをじっと見ていると、非常に集中力が高まります。そして、集中力が高まると、被暗示性(暗示に反応する性質)も高まっていきます。

　だから、本格的な自己催眠ではなく、覚醒状態で自己暗示を行なうときにも、一点を凝視しながら暗示していくとその暗示が潜在意識に入りやすくなります。その場合は、ずっと目は開けたままで行ないます。

　これを行なうときは、長い暗示ではなく、「私は仕事ができる」とか、「私は信頼される人間だ」といった短い暗示を何回も繰り返すといいでしょう。

恋愛・結婚編

PART 4

恋愛・結婚編

自分の気持ちを伝える勇気を持つ

気持ちを伝えなかったら きっと後悔する

好きな人ができても自分の気持ちを告白することができず、その人のことをじっと陰で思い続けている人がいます。

こういう人は自分の気持ちを相手に伝えたとき、受け入れてもらえなかったときのことを考えてしり込みしてしまうのです。相手に受け入れてもらえないと、自分が傷つくと思い、そのことを恐れるのです。

でも、気持ちを伝えないままでいたら、きっと後悔することになるでしょう。それよりも、仮にいい結果が出なくても、自分の気持ちを正直に伝えたほうが自分自身に納得がいくのではないでしょうか。

次の催眠暗示を行なえば、好きな人に自分の気持ちを伝える勇気が湧《わ》いてきます。傷つくことを恐れているという人でも、きっと勇気をだして告白できるようになるでしょう。

私は○○のことが好きだ。
○○のことが好きでたまらない。

告白をためらっている友人を動かす言葉

あなたの友人が、もし好きな人がいて、その気持ちを相手に伝えることもせず、ただひそかに思い続けているだけだったら、そのときあなたはどうしますか？

きっと友達思いのあなただったら、なんとか友人を説得して、友人が相手の人に告白できるように力を貸してあげたいと思うのではないでしょうか。

しかし、友人はあなたが「打ち明けたほうがいいよ」といっても、「断られるのが怖い」とか、「傷つきたくない」といってあなたの言葉には耳を貸そうとしないかもしれません。

そういう場合、おそらくその友人はうまくいかないことをつい想像してしまっているのかもしれません。うまくいくことをまったく考えないわけではないのでしょうが、それよりも相手に拒否されることのほうが真っ先に頭に浮かんでしまうのでしょう。

○○のことをとても大切に思っている。そして、○○と恋人になり、幸せな関係を築きたいと思っている。

私は幸せな未来を想像する。
○○と私の幸せな未来を想像する。
そして、どうしてもそれを実現させたいと思っている。

素晴らしい未来の可能性に賭《か》けてみようと思っている。


だから、私は勇気をだして告白する。

自分の○○に対する気持ちを彼（彼女）にはっきりと伝える。

後悔したくないから、絶対に後悔したくないから勇気を振り絞って告白する。

幸せな未来を実現するために、素晴らしい可能性を現実のものにするために私は勇気をだす。


私が勇気をだして告白しても、必ずしもいい結果が得られるとはかぎらない。でも、私はそれを恐れない。

何もしないで後悔するよりも、やるだけのことをやったと思えるほうがいい。私はそれを選ぶ。


たとえ○○が私のことを受け入れてくれなくても、私自身が否定されるわけではない。

だから、傷つく必要もない。

本当に私は○○が好きだ。

だから、私は勇気をだして告白する。
○○に私の気持ちを告白する。

でも、確率は五分五分です。ひょっとしたらうまくいく可能性のほうが高いかもしれません。まずあなたはそのことを友達に伝えてあげましょう。

そして、少なくとも五〇パーセントのうまくいく可能性を「自分でつぶしてしまうつもり？」と迫るのです。そのうえでとどめの一発を刺すのです。それは次の言葉です。「告白しなかったら一生後悔するよ」

これはかなり効きます。どんなに気の弱い人でも、この言葉には動かされるはずです。

恋愛・結婚編

よい出会いを引き寄せる

潜在意識を信じれば最高の男性（女性）が引き寄せられる

素敵な恋愛がしたい、幸せな結婚をしたいと願っているのに、なかなか出会いがないという人も多いようです。

よい出会いを引き寄せたいなら、絶対によい出会いがあると信じることです。そのうち潜在意識が素晴らしい男性（女性）を引き寄せてくれると信じることです。潜在意識はどんな男性（女性）があなたにもっともふさわしいのかを知っています。そして、あなたが潜在意識を信じれば、潜在意識は驚くような力を発揮します。それこそ奇跡が起こるのです。

出会いがないと嘆《なげ》いている人はぜひ次の催眠暗示を行なってください。心から信じて繰り返していけば、あなたの潜在意識が強力に働きだして、あなたのもとに最高の男性（女性）を引き寄せてくれるでしょう。

私の潜在意識はなんでもよく知っている。とても賢《かしこ》くていろいろなことをよく知っている。

だから、私の潜在意識は私にどんな男性（女性）がふさわしいのかも知っている。

私がどんな男性（女性）とだったらうまくやっていけるのか、幸せになれるのかをちゃんと知っている。

潜在意識は私のもとにその男性（女性）を引き寄せてくれる。

私にもっともふさわしい最高の男性（女性）を引き寄せてくれる。

私のためにその人とのよい出会いを用意してくれる。

私はその男性（女性）と素晴らしい恋愛をする。

お互いに理解し、愛し合い、このうえもなく幸せになれるような素晴らしい恋愛をする。

思いやりを大切にし、相手を尊重し、心豊かになれるような恋愛をする。


私はその出会いがいつやってくるのかと、あれこれ考えたりはしない。

潜在意識はグッド・タイミングでその出会いをつくってくれる。

私にとっても相手にとっても一番よい時期にその機会を提供してくれる。

最高のお膳立てをしてそのときを用意してくれる。

だから、私は潜在意識を信頼する。

潜在意識にすべてを任せることにする。私が信頼していれば、潜在意識は確実に仕事をしてくれる。

私のためにうまくやってくれる。


私はその日がやってくるまで自分自身を磨《みが》いておく。

私の最高の男性（女性）に喜んでもらえるように自分を磨いておく。

より素晴らしい女性（男性）になって出会いの日の準備をしておく。


私には素晴らしい出会いが待っている。私の潜在意識がよい出会いを引き寄せてくれる。

私にふさわしい最高の男性（女性）を潜在意識が引き寄せてくれる。

私はそれをとても楽しみにしている。

出会いがないとこぼす友人に言ってあげる言葉

あなたの友人に、顔を合わせるたびに「出会いがない」とこぼす人はいませんか？　そういう人がいたら、次のようにいってあげたらどうでしょう。「絶対に出会いがあるって信じるようにしたら、彼（彼女）と出会ったんだよ」

そして、もうひと言添えてあげるといいでしょう。「出会う人みんなのいいところを探すようにしてみたら？」

友人はあなたの言葉に触発されて、出会いを信じる気持ちになり、またいろいろな男性（彼女）のよさに目を向けるようになるでしょう。

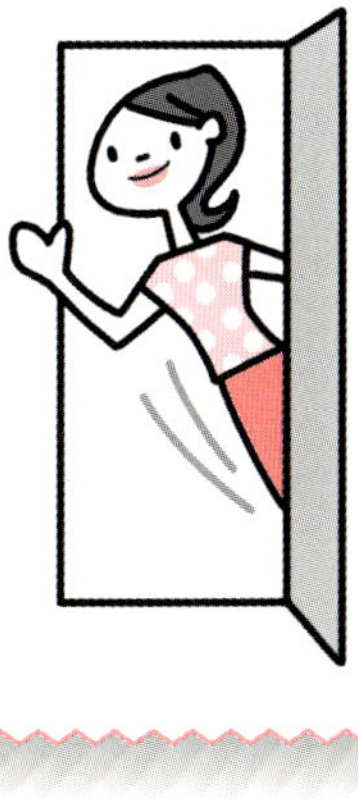

恋愛・結婚編

自分の魅力を知る

自分を持っている人こそ真に魅力的な人である

異性から見た魅力とはなんでしょうか？　異性の好みに合わせたり、媚《こび》を売ることで魅力を感じてもらえると思っている人がいます。最初のうちはそれでけっこううまくいくこともありますが、だんだんそれは効かなくなってきます。相手に合わせてばかりいると、自分が苦しくなってくるし、皮肉なもので相手に飽《あ》きられたり、うっとうしく思われたりするようになるのです。

本当の魅力は自分を持っていることです。自分の生き方や考え、信念を持っている人こそ、本当に魅力のある人なのです。

次の催眠暗示を毎日行なっていくと、あなたは自分自身をしっかりと持った魅力的な人になれます。同性から見ても異性から見ても、とても魅力的な人になれるのです。


私は自分を持っている。

自分の生き方を持っている。

自分の考えや信念を持ち、それを大切にして生きている。

これが私だ。

そして、そこに私の魅力がある。

人間としての、そして男性（女性）としての魅力がある。

私はこういう自分に自信がある。

自分の魅力に自信がある。

だから、私は誰に対しても自分自身を正直にさらけだす。

女性（男性）に対しても、自然体のありのままの自分をさらけだす。

格好をつけることもないし、自分を必要以上によく見せようともしない。嘘偽りのない自分をさらけだす。

私はこういう自分を受け入れてくれ

る女性（男性）がどこかにいると信じている。

この私を認め、愛してくれる人が必ずどこかにいる。

私の魅力を感じてくれる人が絶対にいる。

私自身、自分を持っている人が好きだ。自分の生き方を持ち、自分の考えや信念を持っている人が好きだ。

だから、私は自分が好きになった人の生き方を大切にする。

その人の考えや信念を大切にする。

そして、ふたりの生き方がうまくかみ合えば、ふたりは幸せな恋人同士になれるだろう。

もしかみ合わなかったとしたら、そのときは残念だが縁がなかったということだ。

これが私だ。

私の生き方だ。

そして、これこそ私の魅力だ。

私は自分を大切にする。自分の生き方を大切にし、自分の考えや信念を大切にする。

そして、私は人も大切にする。その人の生き方を大切にし、その人の考えや信念を大切にする。

こういう私は人間としても、そして男性（女性）としても魅力がある。

恋人の魅力を引きだす言葉

あなたの彼（彼女）がいま以上に魅力的になってくれたら、とてもうれしいのではないでしょうか？　そして、いっそう彼（彼女）に夢中になるのではないでしょうか？

彼（彼女）をより魅力的にするには、どんどん誉《ほ》めてあげることです。自分の好きな人から誉められると、このうえもなくうれしいものだし、それが自信となって魅力も増すのです。彼（彼女）の魅力を引きだす言葉は次のとおりです。「あなたの○○のところがとってもいいと思うよ」

恋愛・結婚編

マンネリを打破する

自分自身を新しくする努力が必要

お互い好きでつき合い始めても、つき合いが長くなるとだんだん新鮮さが薄れてくるものです。もちろんつき合いが長い分、絆《きずな》が強くなり愛情が深まることもありますが、反対に関係がマンネリ化して最初のころのような喜びや楽しさが感じられなくなることがあります。

幸せな関係を長続きさせていくにはやはりお互いの努力が必要です。まず自分自身を常に新しくすることが大切です。それから、相手のこともいつも新鮮な気持ちで見てあげることが大事です。そうすれば、いつまでも新鮮な関係を持ち続けることができるのです。

恋人との関係にマンネリを感じている人は次の催眠暗示を行なってください。きっと以前のような新鮮な気持ちを取りもどすことができます。

私は常に自分自身を新しくしている。いつもいろいろなことに興味を持ち、自分を磨《みが》き、新鮮な自分でいられるように努力をしている。だから、私はいつもいきいきしているし、輝いていられる。そういう私は彼（彼女）にとって常に新鮮な存在だ。そして、とても魅力的な存在だ。私は彼（彼女）に常に新鮮な魅力を感じさせることができる。だから、私たちはいつも新鮮な関係でいられる。

私は彼（彼女）のなかにも常に新しい

彼(彼女)を発見していく。
まだまだ私の知らない彼(彼女)がいるし、彼(彼女)自身気づいていない彼(彼女)がいるはずだ。

私はそれを見つける。
彼(彼女)の持つ素晴らしさや未知の可能性をどんどん探しだしていく。
だから、私にとって彼(彼女)は常に新鮮な存在だ。そして、魅力的な存在だ。

私たちの間にマンネリという言葉は存在しない。
私たちの関係は常に新鮮だ。
彼(彼女)にとって私は常に新鮮な存在だし、私にとって彼(彼女)は常に新鮮な存在だ。

恋人と新鮮な関係を保つ言葉

彼(彼女)とつき合いたいと思ってアタックをするときや、つき合いだして間もないころは、彼(彼女)のいいところや魅力を見つけてさかんに誉《ほ》めてあげるものです。でも、だんだんつき合いが長くなってくると、恋人を誉めることをしなくなってしまう人が多いのではないでしょうか?

何もわざわざいわなくてもわかっているだろう、と思ってあえて言葉にだして誉めなくなってしまう人もいるかもしれません。でも、長くつき合っていても、ちゃんと言葉にだして誉めてもらったほうがうれしいし、相手の愛情を感じることができるものです。

それにいままで本人も気づかなかったようなよさや魅力を指摘してもらったら、すごくうれしいし、お互いに愛情が強くなるのではないでしょうか?

恋人といつまでも新鮮な関係を保つには、常に相手のよさや魅力を自分でも発見する努力をすることが必要です。そして、新たに発見したよさや魅力を相手に言葉で伝えてあげることが大切です。

あなたが見つけた恋人の新たなよさや魅力を次のような言葉で伝えてあげたらどうでしょう。「きみ(あなた)って○○なところもあるんだね。そういうきみ(あなた)も素敵だよ」

恋愛・結婚編

意地を張らずに素直になる

相手に心開けば自然と答えは見つかる

つき合いを始めて親しさが増してくると、お互いにわがままが出てきてケンカになってしまうこともあります。そのとき解決できない決定的な食い違いでなければ、きちんと仲直りをしたほうがいいでしょう。

ささいなことが原因のケンカでもつい意地を張ってしまい、それがこじれて大切な関係を壊してしまうことだってあります。

大事なことは素直な気持ちになって相手に心を開くことです。それは自分のほうから一方的に謝るということではありません。関係を大切にしようと思うなら、自然とどうすればいいか答えは出てくるでしょう。

恋人とケンカをして仲直りできずにいる人には、次の暗示が心を溶かし素直な気持ちにさせてくれます。ふたりの関係も失わずにすみます。


いま私は冷静な気持ちを取りもどす。

心を静めて落ち着いて考える。

自分にとって何が大切なのか、いまの私に必要なことは何か考える。

私にとって大切なことは彼（彼女）との絆《きずな》だ。彼（彼女）と幸せな関係を続けていくことだ。

彼（彼女）とのケンカで勝つことではないし、私の正しさを彼（彼女）に証明することでもない。

私は不完全な存在だし、彼（彼女）も不完全な存在だ。

不完全だからこそお互いに求め合うのだし、不完全だからこそ食い違ったりもするのだ。

そして、彼（彼女）の不完全さを責めてもなんにもならない。

ましてすねたり、意地を張ってみてもなんにもならない。

私は素直になって彼（彼女）に心を開こう。そして、仲直りしよう。
もし今度同じようなことがあったら、落ち着いて彼（彼女）にわかってもらえるように話をしよう。
もちろん完全にはわかってもらえないかもしれない。それでも私は心を込めて話をしよう。
それに一方が正しくて一方が間違っているというわけではない。お互いに見ているところが違うのだ。
私はそのことを忘れないようにしながら話をする。彼（彼女）との絆を大切にしたいから。

恋人に素直な気持ちを伝える言葉

人に謝るということはけっこう難しいことです。恋人とケンカしてしまったときも、自分のほうから謝るというのはなかなかできないことが多いものです。できれば相手のほうから謝ってほしいのです。

でも、相手が謝ってくれるのを待っていたら、ずっと平行線のままいってしまうかもしれません。お互いに意地を張ったまま仲直りできなくなってしまいます。

ふたりの関係を大切に考えるなら、たとえ自分だけが悪いわけではないと思っていても、素直に謝ったほうがいいのではないでしょうか？　こちらが意地を張るのをやめて謝れば、相手だって自分の非を認めてお互いに許しあえることも多いはずです。

彼（彼女）に謝るとき、まず次のようないい方をすれば、自分も謝りやすいし、相手もあなたの気持ちを受け入れやすくなるでしょう。「さっきの私はどうかしていたわ。ごめんなさい」

そのうえで次のようにいってみたらどうでしょう。「あなたにはなんでも話せてしまうから、つい思ってもいないことまでいってしまうの」

こんなふうにいわれると、彼（彼女）はもう怒れなくなってしまうでしょう。それに彼（彼女）の怒りが溶けるだけでなく、彼（彼女）はあなたのことがますます好きになるのではないでしょうか？

恋愛・結婚編

相手に依存しない自分になる

精神的に自立している人はいい恋愛ができる

彼（彼女）がいなくなったら私は生きていけない、という人がいます。こういう人は相手に依存しています。相手にどっぷりと依存し、その人がいないと生きていけないような恋愛はけっして健全とはいえません。そして、こういう恋愛はあまり長続きしないし、仮に続いたとしても苦しい関係にしかなりません。

いい恋愛をしようと思ったら、まず自分が精神的に自立することです。精神的に自立している人は本当の意味で相手のことを大切にできるし、よい恋愛ができるのです。

次の催眠暗示は自立心を高め、相手に依存しない自分になるためのものです。彼（彼女）がいないとダメだと思っている人はぜひ行なってください。そうすればあなたと彼（彼女）はもっといい関係になれます。

私には自立心がある。

人間としてきちんと自立している。

だから、自分のことは自分でできるし、大事なことも自分で決められる。

ひとりだけの時間も十分楽しむことができる。

私はひとりでも楽しく生きていける自信がある。

ひとりでも私は平気だし、大丈夫だ。

だけど、彼（彼女）と一緒に生きていけば、私の人生はもっと楽しくなるし、ハッピーになる。

だから、私は彼（彼女）との関係を大切にして、これからもいい関係を続けていく。

でも、私は彼（彼女）がいなければ生きていけない人にはならない。
彼（彼女）に依存しないと生きていけない人には絶対にならない。
もし私が彼（彼女）に依存するようになったら、けっしていい関係にはならない。
私はそのことがよくわかっている。

だからこそ、私は絶対に依存しない。
もちろん彼（彼女）に甘えることは大切だし、私も素直に甘えたい。
甘えていいときは思いっきり甘える。
そして、彼（彼女）が私に甘えたいときは思いっきり甘えさせてあげる。
でも、彼（彼女）が大変なときは私は自分を抑えることができる。
そういうときは彼（彼女）を支えてあげるし、そっと見守ってあげる。
私と彼（彼女）はお互いに適度に甘え、甘えさせる関係だ。
でも、依存はしない。だから、私と彼（彼女）はとてもいい関係だ。

依存的な恋人に自覚を促す言葉

あなたの恋人があなたにとっても依存していて、あなたのほうでも「これはちょっと困ったな」と思っていたら、どうするでしょうか？　このままの状態を続けていたら、彼（彼女）との関係がまずくなることをあなたもうすうす感じているはずです。

そういうとき彼（彼女）に「もっと自立しなくちゃダメだ」などと叱《しか》ってはいけません。そんなことをいわれたら、彼（彼女）はあなたが心変わりをしたと思い込んでしまいます。それよりも次のようにいってみたら彼（彼女）も素直にあなたのいうことを聞いてくれるのではないでしょうか？「男でも女でも精神的に自立している人って素敵だよ」

彼（彼女）も「ああ、そうだな」と思うし、自分もそうなりたいと思ってくれるはずです。

恋愛・結婚編

遠距離恋愛の寂しさを和らげる

離れて暮らしているときこそ愛情を深めるチャンス

日曜日の夜、長距離列車の発着ホームで涙を流して別れを惜《お》しんでいるカップルを見かけることがあります。遠距離恋愛の恋人たちです。

恋人が近くにいる人と違い、遠距離恋愛をしている人にとって会いたくても会えない寂しさはとてもつらいものでしょう。なかにはその寂しさに耐《た》えかねて、相手に無理難題をいって困らせたり、自分からわざわざ関係を壊してしまうような行動に出てしまう人もいます。

次の催眠暗示は遠距離恋愛をしている人が寂しさを和《やわ》らげ、ふたりの関係をよりよいものにできるようにするためのものです。寂しさばかりに目を向けるのでなく、離れて暮らしていることをふたりの愛情をより確かなものにする機会にしてみたらいかがでしょうか。

私は彼（彼女）がどこにいようといつも彼（彼女）の存在を感じることができる。

遠距離恋愛の相手を安心させる言葉

遠距離恋愛をしている人にとって自分自身が寂しいのはもちろんですが、相手にも寂しい思いをさせてしまうことはとてもつらいことです。

久しぶりに再会してもあっという間に楽しい時間はすぎていきます。そして、別れの時間を迎えることになります。そのとき恋人の寂しそうな顔を見るとたまらなくつらくなってしまうのではないでしょうか？

また、ふだん電話やメールでやり取りをするときも、相手の「寂しい」という言葉にとてもせつなくなってしまうこともあるでしょう。

彼（彼女）の寂しさやつらさを和らげてあげるにはどうしたらいいでしょう？

それには、いつも自分が彼（彼女）のことを大切に思っていることをわからせて安心してもらうのが一番です。

そこで彼（彼女）と直接会っているとき

たとえ彼（彼女）と遠く離れていても、彼（彼女）のハートを感じることができるし、彼（彼女）の私に対する愛情を感じることができる。


目を閉じると私には彼（彼女）の顔が見えるし、彼（彼女）の声が聞こえる。

そして、彼（彼女）のエネルギーを感じることができる。

まるですぐそばに彼（彼女）がいるように感じられるのだ。


だから、私は彼（彼女）と離れていても大丈夫だ。

彼（彼女）と再会できる日を楽しみに待つことができる。

もちろん寂しくないといったら嘘になる。でも、私はその寂しさに耐《た》えられる。

彼（彼女）と心と心でつながっていることがわかっているから、私は耐えることができる。


それに離れている間に私たちの愛情はいっそう強くなっている。

いまこうして離れて暮らすことは、私たちの愛情をより確かなものにするためのチャンスなのかもしれない。

だから、私はこの時間を大切にする。

彼（彼女）と離れて暮らす時間を大切にする。

そして、もっともっと自分を高め、より素晴らしい私になってみせる。

いまはその時間だ。


でも、あるいは電話で話しているときでもいいのですが、次のようにいってあげるのです。「いつもきみ（あなた）にもらった○○を見て、寂しさを紛《まぎ》らしているよ。あれを見ると不思議と元気になれるんだよ」

彼（彼女）はあなたにあげたプレゼントをあなたがお守りのように大切にしてくれていることを知って、とてもうれしくなるでしょうし、いつも自分のことを思ってくれていることがわかって心から安心することができるでしょう。

恋愛・結婚編

昔の恋人を吹っ切る

現実を受け入れて
人生を前向きに生きていく

別れた恋人のことがいつまでも忘れられず、なかなか次のステップに進めない人がいます。そういう人の多くが幸せだった過去にもどりたいと思い、別れたことをひたすら悔《く》やむのです。なかには別れてから何年も経《た》つのに、昔の恋人のことを引きずったままの人もいます。それはとても不幸なことです。

失ったものはもどってきません。だから、昔のことは吹っ切って前を向いて生きていくしかないのです。

次の催眠暗示は恋人と別れたという事実を受け入れ、これからの人生を前向きに生きていけるようにするための暗示です。昔の恋人のことが吹っ切れないという人や、最近恋人と別れたばかりだという人は毎日行なってみてください。きっと元気が出るし、気持ちが明るくなれます。


あの人とのことはもう終わった。

あの人とのことはすでに過去のことだ。だから、私はあの人とのことは過去のよい思い出にする。

もちろん私のなかにまだ寂しさはある。あの人と別れて寂しいと思っていることは否定しない。

でも、それも時間が解決してくれることを私は知っている。

だから、私は大丈夫だ。

いまこそ私は自由の身となる。

あの人から離れて私は自由になる。

あの人も私から自由になる。

私もあの人もお互いに自由だ。

それはいいことだ。お互いにとっていいことだ。


そして、これから新しいステップが始まる。私がいままで以上に幸せになるための新しいステップが始まる。これから私の人生がどうなっていくのかはまだわからない。

でも、私がより素晴らしくなっていくことだけは確かだ。

だから、私はワクワクする。

私は未知の自分に出会うのをとても楽しみにしている。


あの人との関係は、私が次のステップに進むためのひとつのプロセスだったのだ。

私がより素晴らしくなるための、そしてもっと幸せになるためのプロセスだったのだ。

だから、私はあの人に感謝しなければならない。

あの人のおかげで私はより素晴らしくなれるし、もっと幸せな人生を手に入れることができるのだから。

私はあの人に感謝する。

心のなかであの人に向かって「ありがとう」という。

そして、「さようなら」という。

いま、私はあの人とのことを過去のことにした。

あの人とのことを完全に終わらせた。

これで私は新たな一歩を踏みだせる。

素晴らしい明日に向かって出発だ。

別れた恋人を忘れられない友人を慰める言葉

最近恋人と別れ相手のことが忘れられない、という人が友人にいたら、あなたはなんといって慰《なぐさ》めてあげたらいいのか、なかなか言葉が見つからないのではないでしょうか？　おそらく何をいっても気休めにしかならないようにも思ってしまうことでしょう。

でも、もしあなたにも過去に同じようなつらい体験があったら、次のようにいってあげることができるのではないでしょうか？　「私も体験があるからわかるけど、いまは本当につらいよね。でも、時間が経《た》てばスッパリと吹っ切れるよ」

恋愛・結婚編

マリッジ・ブルーを解消する

憂鬱な気持ちになることはけっしておかしなことではない

結婚が近づくにつれ、なぜか憂鬱《ゆううつ》になってしまう人がいます。いわゆるマリッジ・ブルーです。はたから見ればこれから幸せになれる矢先だというのに、どうして憂鬱な気持ちになるのか不思議に思われるかもしれません。しかし、これは多くの人が経験することなのです。

どんなに好きな人との結婚でも、当事者にとって結婚は非常に心理的負担のかかることです。だから、結婚を控えて憂鬱な気持ちになることはおかしなことではありません。

いまマリッジ・ブルーに陥《おちい》っている人は、まずそのことを自分で認めてあげることです。そのうえで次の暗示を行なってください。しだいに憂鬱が消え、前向きな気持ちになっていけます。そして、逆に結婚が待ち遠しくなってくることでしょう。

いま、私は憂鬱な気持ちにおそわれている。でも、それはけっして特別なものではない。

この憂鬱は何も私だけに起こる感情ではない。これは結婚を直前に控えた多くの人に起こる感情だ。だから、ごく自然なものだし、憂鬱になることはいけないことではない。

誰にとっても結婚は大きな出来事だ。結婚は人生の一大事だ。いままで経験したことのないまったく新しい次元に入っていくことなのだ。

たとえこれから自分がもっと幸せになれることであっても、心に負担がかかることなのだ。

だから、憂鬱になってもおかしくはない。本当に自然な感情なのだ。

そう思うと気持ちが楽になる。

憂鬱も軽くなる。

私はいまの思いを自分の心のなかだけにしまっておくのはやめよう。

わかってくれそうな人に話をしよう。

経験者ならきっと私の気持ちをわかってくれるはずだ。

誰かにわかってもらえば、私はもっと楽になれるし、前向きな気持ちにもなれる。


そして、その人の経験を聞かせてもらえばきっと心強くなれるだろう。

その人がどうやって婚約期間を乗り越え、新しい生活に入っていったのか、話を聞くだけで私は安心できるだろう。

その人からよいアドバイスだってもらえるはずだ。

それに彼(彼女)はとても私を愛してくれている。私のことをとても大切に思ってくれている。

彼(彼女)となら絶対に大丈夫だ。

うまくやっていけるし、幸せな家庭を築くことができる。

何も心配することなんてない。

私はちゃんとやっていける。

彼(彼女)と一緒に新しい人生を楽しく生きていける。

そして、とびっきり幸せになれる。

私は大丈夫だ。

マリッジ・ブルーに陥った友人を安心させる言葉

友人が好きな人と結婚することが決まったのに、マリッジ・ブルーに陥《おちい》ってしまったら、どうしてあげたらいいでしょう。もしあなたが既婚者なら彼(彼女)にとって心強い味方になってあげられるはずです。

まず彼(彼女)の話を共感しながらよく聞いてあげることが大切です。そのうえで次のような言葉をかけてあげれば、きっと安心させてあげられます。「私もそうだったけど、そういう気持ちになるのはよくあることだよ。でも、あなたの(結婚という)選択は間違っていないよ」

恋愛・結婚編

彼（彼女）の愛情を信じる

「自分には愛される価値がない」、と思っていませんか？

恋人や配偶者がどんなに自分のことを愛してくれていても、それを素直に信じることができないと、何かと相手の行動に疑いを抱くようになります。電話をしても出なかったり、メールを送ってもすぐに返事が来なかったりすると不安になってしまい、そのことで相手を問い詰めたりもするのです。

そういうことが度重《たびかさ》なるようになると、だんだん相手のほうも疲れてきます。ケンカが絶えなくなり、場合によっては破局に至ってしまうこともあります。

こういう人は、実は心のどこかで、自分には愛される価値がない、と思っているのです。もしあなたがそうならば、ぜひ次の催眠暗示を行なってください。心から彼（彼女）の愛を信じられるようになります。

私には愛される価値がある。
心豊かで優しく思いやりのある人に愛される価値がある。

私はそのことを認める。自分には愛される価値があることを、愛される資格があることを私はいまはっきりと認める。

そして、私は信じる。○○の愛を、○○の私に対する愛を心から信じる（○○には相手の名前を入れてください）。

○○は私のことをとても愛してくれている。真剣に私のことを愛してくれている。

私はそれを信じていい。

素直に信じていい。

なぜなら私は愛される価値のある人間だから。〇〇に愛される価値のある人間だから。


もう私は二度と疑ったりしない。

〇〇の愛を疑ったりしない。

電話をしたときに彼（彼女）が出なくても、すぐに彼（彼女）から連絡が来なくても、私は疑ったりしない。

私は彼（彼女）を信じて安心して待っていられる。


私には愛される価値がある。

そして、素晴らしい愛を手に入れる資格がある。

だから、私は〇〇の愛を信じる。

私はこの愛を大切に育てていく。

愛情を信じてもらえない恋人にかける言葉

自分がどんなに恋人のことを思っていても、恋人のほうがそれを信じてくれなかったとしたら、とても困るしつらいことでしょう。

もしあなたの恋人がそうだったら、きっとあなたのちょっとした言動を取って、「愛していないからだ」などと責められたりしているのではないでしょうか？

たとえば、忙しいときにすぐに電話に出られなかったり、急な仕事が入ってデートの予定を変更しようとしたことで、「ぼく（私）のことを愛していない」などといわれたりするようなことはないでしょうか？　ことあるごとにそういうことをいわれると、あなたも悲鳴をあげたくなるかもしれません。

彼（彼女）はあなたに愛されることに自信がないのです。そして、いつあなたに捨てられるかもしれないと思って、とても不安なのです。けっしてあなたを苦しめようと思って、無理難題をいっているのではありません。また、わがままからそうしているわけでもありません。

まずはそのことをよく理解してあげてください。そして、次のような言葉をいってあげましょう。「愛情の表現方法はいろいろあるよね。私の表現は相手に伝わりづらいのかもしれないな」

恋愛・結婚編

自分の意見をはっきり相手に伝える

お互いがより幸せになるために話し合う

夫婦の間では生活設計のこと、子育て、家事の分担など話し合う必要のあることがたくさんあります。もしこういう大事なことをきちんと話し合わずに曖昧《あいまい》にしたままでいると、何かと支障が出てきます。

だから、ひとつひとつの問題に関して自分の意見や考えを相手にはっきりと伝えることが大切です。いわなければわかってもらえないし、また相手がどう考えているのかもわかりません。

その際、お互いにとってよりよい家庭を築き、より幸せになるために話し合うのだということを忘れてはなりません。そうすれば無駄なケンカをせずにすむし、建設的な話し合いができます。次の催眠暗示を行なえば、相手にはっきりと自分の意見を伝えることができ、しかもよい話し合いができるようになります。

私は○○と協力してよい家庭を築こうと思っている。そのために私は自分の意見や考えを○○に率直に伝える（○○には相手の名前を入れてください）。自分がどうしたいのか、どうしてほしいのか、それを彼（彼女）にはっきり伝える。

口にだして伝えなければ、わかってもらえないし、彼（彼女）がどう考えているかもわからないからだ。

そのとき私の意見と彼（彼女）の意見が一致しないことがあるかもしれない。でも、それはあたりまえのことだ。ふたりの人間がいれば、違う意見や考えがあって当然だ。

そういうとき、私は自分の気持ちを○○に理解してもらえるようにきちんと話をする。

そして、〇〇の気持ちも理解できるようによく話を聞く。
話し合う目的は、私が勝つことでも彼（彼女）が勝つことでもない。
お互いに理解を深めるためだ。

そして、よりよい家庭を築き、もっと幸せになるためだ。
そのことがわかっているから、私は彼（彼女）とよい話し合いができる。
不必要なケンカをしなくてすむし、傷つけ合わなくてすむ。
私は〇〇とよりよい家庭を築く。だから、私は自分の意見を〇〇にはっきり伝えるし、よい話し合いをする。

本音をいわない夫（妻）から本音を引き出す言葉

結婚生活を営んでいくうえで、重要な問題について夫（妻）がほとんど自分の考えをいってくれなかったら、いっこうに問題は解決しないし前に進んでいくことができません。

もしあなたの夫（妻）がそうだとしたら、あなたも相手の本音がわからないので何かと困るし、イライラすることも多いでしょう。相談を持ちかけても、はっきりしたことをいってくれず曖昧《あいまい》な態度を取られてばかりいると、あなたも自分でもどうしていいかわからなくなってしまうのではないでしょうか？

どうして夫（妻）は本音をいってくれないのでしょうか？　ひょっとしたらあなたの夫（妻）は自分の意見や考えに自信が持てないのかもしれません。また、あなたの意見や考えに圧倒されて、自分が何かをいったら頭から否定されたり、馬鹿にされると思っているのかもしれません。つまり、傷つきたくないと思っているのです。

もしそうだとしたら、あなたのほうで夫（妻）が意見をいいやすいような雰囲気をつくってあげる必要があります。

次のような言葉をいってあげると、あなたの夫（妻）ももっと気軽に本音をいってくれるようになるのではないでしょうか？「いつもあなたの考えには感心させられるの。だから、気にせずにいってほしいな」

恋愛・結婚編

相手を思いやる気持ちを持つ

ほころびかけていた愛情に栄養を与えてあげる

あたりまえのことですが、夫婦の間ではお互いに相手のことを思いやって生活することが大切です。ところが、結婚生活に慣れてくると相手に対する思いやりを忘れがちになってしまうことがあります。

本当は一番思いやりを持たなければいけない相手なのに、ついぞんざいな態度を取ったり、優しさのない言葉を投げかけてしまうことも案外多いのではないでしょうか。

心当たりのある人はぜひ次の催眠暗示を行なってください。きっとパートナーに対する思いやりを取りもどし、優しい気持ちで彼（彼女）に接することができるようになるでしょう。そして、少しほころびかけていた愛情に栄養が与えられ、再び愛情豊かな楽しい結婚生活が始まることになるでしょう。

○○は私にとってかけがえのない大切なパートナーだ。私は○○のことを心から愛している。とても大事に思っている（○○には相手の名前を入れてください）。だから、私はいつも○○に対する思いやりを忘れない。優しい気持ちで○○に接し、私の愛情を表現する。愛情は表現しなければ伝わらない。夫婦の間でも、表現しなかったら愛情は伝わらない。思いやりを示すことは私の○○に対する愛情表現のひとつだ。毎日私は○○に思いやりのある言葉をかけてあげる。感謝とねぎらいの

言葉をかけてあげる。
そして、○○を誉《ほめ》め、元気づける言葉も忘れない。

私は○○の力になれることがあれば、できるだけのことをしてあげる。少しでも彼（彼女）の負担を減らし、彼（彼女）が毎日を気持ちよく暮らせるように協力してあげる。

思いやりを形にするとき、私は○○にとってどうしてあげることが一番いいのか考えながら行動する。だから、必ず○○の気持ちを確かめる。してほしいことや、してほしくないことをきちんと彼（彼女）に尋《たず》ねる。絶対に私の自己満足にならないようにする。

○○は私の大切なパートナーだ。そして、○○との暮らしは私の宝物だ。私は○○との生活を大事にする。いつも思いやりを持って○○に接し、○○との愛を深めていく。

優しさが足りなくなったパートナーにかける言葉

あなたは夫（妻）が新婚時代に比べて優しさが足りなくなっている、と不満に思っているようなことはありませんか？

もしそうならば、ふだん夫（妻）がやってくれていることに対して心から感謝の気持ちを伝えてあげてください。

たとえば、休みの日に一緒にスーパーに買い物に行ったときに重い荷物を持ってくれたりとか、お風呂から上がるときにきれいに洗濯された下着をだしておいてくれたりとか、そういうちょっとしたことに対して感謝の気持ちを表現するのです。本当に心を込めていってあげましょう。「いつもありがとう」

続いて次のような言葉もいってあげましょう。「あなたって本当に頼りになるわね」

あなたの言葉で夫（妻）も以前の優しさを思いだしてくれることでしょう。

恋愛・結婚編

ありのままの相手を受け入れる

夫婦円満の秘訣は相手を変えようとしないこと

結婚して生活を共にするようになると、それまで気にならなかった相手の欠点や癖《くせ》がだんだん目についてくるようになります。そして、多くの人はその欠点や癖を改めるように相手に要求します。相手を変えようとするのです。

しかし、これがなかなかうまくいきません。たいがいの場合、相手の反発を買うだけだし、それが原因で夫婦の間に亀裂《きれつ》が生じることだってあります。

夫婦円満の秘訣は相手を変えようとしないことです。それよりもありのままの相手を受け入れてあげることが大切です。次の催眠暗示を行なえば、ありのままの相手を受け入れる気持ちが持てるようになります。結婚生活もいまよりもずっとうまくいくようになるでしょう。

私は○○にありのままの自分を受け入れてもらいたい。ありのままの私をまるごと愛してほしい。

パートナーにありのままの自分を受け入れてもらう言葉

夫婦がお互いにありのままの相手を受け入れることができたら、とても楽で居心地がいいし、生活そのものがスムーズに運んでいくことでしょう。そして、何よりもとても幸せな毎日が送れるでしょう。

あなたが自分のパートナーにありのままのあなたを受け入れてほしかったら、まずはあなた自身がありのままの相手を受け入れる努力をすることが大切です。

相手の欠点も癖も、それを相手の個性と思って受け止めてあげなければなりません。それをするには忍耐力が要《い》りますが、あなたが幸せな結婚生活を営むためには欠かせないことです。

問題なのはそうやってあなたがありのままの相手を受け入れる努力をしているのに、肝心の相手のほうがそうしてくれないときです。相手が何かとあなたの欠点を指摘したり、あなたを変えようとし

〇〇だってありのままの自分を私に受け入れてもらいたいはずだ。

ありのままの自分をまるごと愛してもらいたいはずだ。

だから、私はありのままの〇〇を受け入れる。ありのままの〇〇を愛してあげる。


いままで私は〇〇に変わってほしいと思っていた。欠点や癖を直してほしいと思っていた。

私を愛しているなら、〇〇がそうするのが当然だと思っていた。

でも、それは私の身勝手な願望だ。

私だって〇〇に自分を変えろ、といわれたら反発するだろう。

欠点や癖のことで文句をいわれたらおもしろくないだろう。

自分を変えろ、というのは自分を否定されているのと同じことだ。

誰だってそれはうれしくない。

相手を変えようとすることは愛ではない。単なるわがままだ。


ありのままの相手を受け入れてあげることこそ本当の愛だ。

そして、ありのままの相手を受け入れてあげるほうがずっとうまくいく。お互いにずっと幸せになれる。

だから、私はもう〇〇を変えようとしない。

私はありのままの〇〇を受け入れる。

ありのままの〇〇を愛してあげる。

それがふたりの幸せにつながるから。


てきたら、あなたも腹が立ってきて自分が続けてきた努力も放棄したくなるかもしれません。

　でも、そこであなたが感情的になってしまったら、これまでの努力が水の泡になるだけでなく、夫婦生活そのものが危機に瀕します。ここはやはり言葉の力で相手の心に訴えることにしましょう。相手があなたの欠点や癖について文句をいってきたら、少し時間をおいて次のようにいってあげるのです。「あなたはとても寛大な人よね」

恋愛・結婚編

冷静さを取りもどす

感情的になっているときは相手のことが悪者にしか見えない

どんなに努力しても夫婦の関係がうまくいかないときは、離婚という選択を考えることも大切です。お互いの幸せのためには無理にがまんする必要はありません。

しかし、一時的な感情で別れなくてもいいはずのカップルが別れてしまうのは、とてももったいないことです。特にケンカをして感情的になっているときは、相手のことが悪者にしか見えなくなってしまい、冷静な判断ができなくなってしまいます。こんなとき軽率に離婚話を持ちだしてしまうのは非常に危険です。

いまパートナーに対する怒りが爆発しそうになっている人、またすでに爆発させてしまった人は次の催眠暗示を行なってみてください。軽はずみな選択をして、あとで後悔しなくてもすむかもしれません。

いま、私は冷静になる。冷静になって考える。一時の感情に身を任せないで、○○とのことを落ち着いて考える(○○には相手の名前を入れてください)。

私はひたすら○○を悪者あつかいし、自分は悪くないと思っていた。でも、本当はどっちが正しくて、どっちが間違っているといえるものではない。お互いの理解と思いやりが足りなかったのだ。

感情的になっているときは、自分にとって何が一番大切なのかが見えなくなってしまう。

自分の本当の気持ちがわからなくな

ってしまう。

冷静になって考えると、〇〇がどれだけ大切な存在なのかがわかる。
そして、〇〇との生活がどれほど大事なものなのかがわかる。

〇〇には欠点もあるけれど、それ以上にいいところがいっぱいある。
私はやっぱり〇〇のことが好きだ。
〇〇のことを愛している。
〇〇も私のことを愛してくれている。

いままで〇〇との暮らしのなかで、つらいことや嫌《いや》なことがなかったわけではない。
でも、それ以上にいいことや楽しいことがたくさんあった。

これからだっていいことや楽しいことがいっぱいあるはずだ。

私は危《あや》うく大事なものを見失ってしまうところだった。
取り返しのつかない過《あやま》ちをしてしまうところだった。

いまこうして冷静になってみると、本当に〇〇との生活が大事なものであることがよくわかる。

私はもう迷わない。これからも〇〇との生活を続けていく。

いままで以上に努力をして、〇〇との生活をもっともっとよいものにしていく。そして、いままで以上に幸せになってみせる。

私にはそれができる。絶対にできる。

離婚したいといいだした友人を踏み止まらせる言葉

夫婦仲良く暮らしていた友人が急に離婚するといいだしたら、あなたはどうしますか？　おそらく友人の話をよく聞いてあげるはずです。話を聞いてみて本当に離婚したほうが本人のためだと思ったら、賛成してあげたらいいでしょう。

でも、どうもこれはいっときの感情から軽率な結論をだそうとしているなと感じたら、次のような言葉をいってあげるといいでしょう。「あなたたち夫婦のこと、いつもうらやましいなって思っていたんだよ」あなたの言葉できっと友人も冷静になれるでしょう。

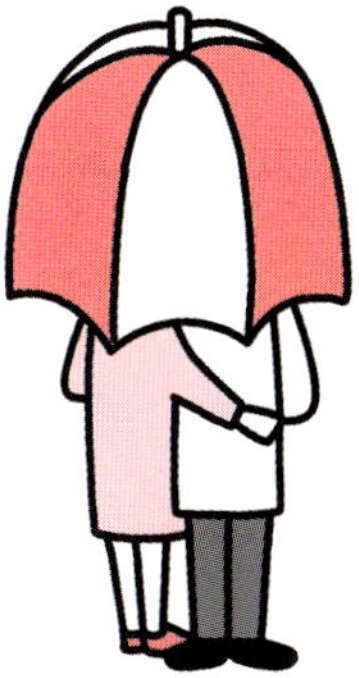

恋愛・結婚編

離婚のつらさから立ち直る

つらさが癒されるにはある程度の時間が必要

よくいわれるように、離婚するにはものすごいエネルギーが要《い》ります。そして、離婚が決まって新しい生活が始まったとき、たとえどんな理由で離婚したにせよ、なんらかの喪失感や脱力感を感じるものです。また、悲しみや寂しさ、今後の生活に対する不安など、さまざまな感情が心のなかを行き来するものです。

こうした感情が癒《いや》されるには、やはりある程度の時間が必要です。そうすぐには離婚の痛手から立ち直れるわけではありません。

現在、離婚をしてつらい気持ちでいっぱいだという人や、いまひとつ前向きな気持ちが持てないという人は、次の催眠暗示を毎日続けてみてください。少しずつですがつらさが癒《い》え、これからの人生に希望が持てるようになります。

いま、私は人生の転機に立っている。離婚という選択をし、私は人生の大きな変わり目を迎えている。

そして、私の心のなかにはさまざまな思いが渦巻《うずま》いている。ポジティブな感情もあれば、ネガティブな感情もある。

それはごく自然なことだ。

離婚して失ったものはけっして小さくはない。悲しいし、寂しさもある。これからの人生がどうなるのかは私にはまだわからない。だから、不安でないといったら嘘になる。

でも、離婚して自由になったことも確かだ。

あの人と一緒に暮らしていたときは、いまよりもずっとつらかった。いまはあの苦しみから解放されたのだ。私にとっていまは雲の切れ目から明るい日の光が差し込み始めたところだ。新しい始まりだ。

離婚したことは私にとって最善の選択だった。ほかに道はなかった。

だからこそ、私は離婚を選んだのだ。

これでよかったのだ。

いまならいくらでも人生をやり直せる。私にはまだまだたくさんの可能性がある、それを信じていい。

失ったものは取り返せないけど、別のよいものは手に入れられる。

これからどんなものが手に入るのかまだわからないけど、いまそれを手に入れる旅が始まったのだ。

それに私にはやることがいっぱいある。くよくよなんかしていられない。

忙しくしていれば、つらさも忘れてしまう。元気をださないわけにいかなくなる。

やがて雲は消えてなくなるだろう。

晴れ渡った青空が広がり、明るい太陽が輝くときがやってくる。

そのとき私も再び輝いている。

いきいきと輝いている。

必ずそういう日がやってくる。

私はもうすでにスタートを切ったのだ。あとは前へ進んでいくだけだ。

自分自身を信じて、そして自分の可能性を信じて、私は前へ進んでいく。

経験者の立場から離婚した友人を元気づける言葉

離婚するということは、たとえ本人が望んだことであってもとてもつらいものです。そして、そのつらさは誰にもわかってもらえないと思って、孤独感にさいなまれてしまったりもします。

でも、経験者ならその気持ちは痛いほどわかります。もしあなたが離婚経験者で、友人に最近離婚してとてもつらそうにしている人がいたら、次のような言葉をかけて元気づけてあげましょう。「元気になる前に、もう少しだけ時間が必要だと思うよ。私(俺)はいま、とっても幸せだよ」

COLUMN Ⅲ

山や海の写真は潜在意識を刺激する

夢分析では、夢のなかで海が出てきたら、それはその人の潜在意識を象徴している、と判断されることがあります。

確かに深くて広大な海を見ていると、それが私たちの潜在意識の象徴であるということが納得できるような気がしてくるのではないでしょうか。

もちろん夢のなかで海が出てきたときに、果たしてそれが本当に潜在意識の象徴なのかは、科学的に証明できるものではありません。でも、海を眺めていると、何か心の深い部分が刺激されるような感じがする人も多いのではないでしょうか。人によって感じ方に違いはあるでしょうが、心のなかに熱いものを感じたり、力強いものを感じるのではないでしょうか。

そして、同じように山を見たときにも、心の深いところに伝わってくるものがあるのを感じる人も多いことでしょう。

山や海を見ると私たちの潜在意識が揺さぶられるのです。つまり潜在意識が活性化するのです。そのとき私たちは一種のトランス状態に入っているといってもいいかもしれません。

だから、山や海を見ながら自己暗示を行なうというのも、ひとつの方法です。といっても、そうそう簡単に山や海に出かけることができるわけではありません。でも、何も実物でなくてもいいのです。写真や絵でも十分です。

山や海の写真や絵を見ながら、自己暗示をしてみましょう。たとえば、「私には力がある。大きな目標を達成できる力がある」というような暗示を心のなかで唱《とな》えていくのです。きっとその写真や絵の山や海からパワーをもらうことができるでしょう。

ダイエット・美容編

PART 5

ダイエット・美容編

健康的に痩せる

無理なく確実に痩せられる

ダイエットを行なう人はたくさんいますが、実際に減量に成功するまで続けられる人はそうはいません。途中で挫折したり、ある程度痩《や》せてもそれまでの反動でかえって食べるようになり、もとの木阿弥《もくあみ》になってしまったという人が多いのです。

ダイエットがうまくいかない原因として、無理なダイエットをすることが挙げられます。極端に食事の量を減らして急激に体重を減らそうとしても、結局は続かないし、場合によっては摂食障害になってしまうこともあります。

次の催眠暗示は無理なく確実に痩せられるためのものです。これまで何度もダイエットに失敗してしまったという人でも、これを行なえば気楽にダイエットが続けられ、健康的に痩せることができるでしょう。

私は毎日自然で無理のないダイエットを実行している。気楽に続けられ、健康的に痩せられ

ダイエットをしている人を応援する言葉

いままで何回もダイエットに挑戦したことがあるのに、一回も成功したことがないという人がいます。おそらくそういう人の多くは、三日坊主とまではいかなくても、せっかくダイエットを始めてもあまり長続きせず途中で挫折してしまったのではないでしょうか?

挫折してしまう原因は、ひとつにはすぐに成果が現われないのでイヤになってしまったということが挙《あ》げられるでしょう。たとえば、一週間ダイエットをしてみても、ほとんど体重が減らなかったのであきらめてしまったという人も多いのです。

しかし、ダイエットを始めてもそうすぐに体重が減るものではありません。極端に食事の量を減らせば別ですが、それは健康上好ましくありません。やはり少しずつ量を減らして気長に減量していくことが大切です。

るダイエットを実行している。

そして、すでに私の体重は減り始めている。無理のないペースで、しかも確実に私の体重は減り始めている。

毎日私は健康的で適切な量の食事を摂っている。栄養のバランスがとれ、量的にもちょうどよい量の食事を摂っている。

それはちょっと前までよりも少ない量だけど、私は十分満足できるし、その食事を大いに楽しんでいる。

食事を摂るとき、私はゆったりとした落ち着いた気分で食べることを楽しんでいる。

いままでよりもゆっくりと時間をかけて食事を味わっている。

ひと口ひと口、よく噛んでよく味わって食べている。

私はじきにおなかがいっぱいになり、満ち足りた気持ちになる。

そして、それ以上は食べないし、食べようとも思わない。

ダイエットをしていて、私は自分の心が安定し、精神的に余裕があるのを感じている。

無理なく確実に痩せられることがわかっているから、私は毎日穏《おだ》やかな気持ちでいられる。

私のダイエットはうまくいっている。

すでに私の体重は減り始めている。

私は健康的に痩せていく。

あなたの身近に最近ダイエットを始めたという人がいたら、ころ合いを見計らって次のような言葉をかけてあげましょう。「少し痩《や》せてきたんじゃない？」

ご本人はあまり痩せたという実感がなくても、周囲の人からそういわれればうれしいし、励みにもなります。

そして、それからしばらくしてからもう一声かけてあげれば、その人も途中で投げだすことなくダイエットを続けていけるでしょう。「また痩せてきたんじゃない？」

ダイエット・美容編

ナイス・ボディになる

運動を楽しい習慣にして理想の体型を手に入れる

理想的な体型を手に入れるためには、食事の量を減らすだけでは不十分です。やはり運動をして痩《や》せたいところが痩せるようにし、必要な筋肉をつけていくことが欠かせません。

でも、この運動をすることができないという人が多いのも確かです。ジムに入会しても続かなかったり、ジョギングを始めても三日坊主ですぐにやめてしまう人もいます。

運動を義務と考えると重荷になってなかなか続かないかもしれません。それよりも楽しい習慣と考えたほうが継続できるものです。

次の催眠暗示を毎日行なっていくと、まず運動を楽しい習慣にすることができます。そして、あなたのからだは余分なぜい肉や脂肪が削《そ》ぎ落とされ、あなたはまさにナイス・ボディの持ち主になれるのです。

私は自分の体型に自信を持っている。

私のからだは全身が引き締まっていて、余分なぜい肉も脂肪もない。どこから見てもバランスがとれていて、格好いい。

自分でも惚《ほ》れ惚れするような体型だ。みんなに自慢できるようなナイス・ボディだ。

私はこのナイス・ボディを維持するために、毎日食事に気を遣《つか》っている。

食事をきちんと摂り、からだにいい食品を食べている。

それもからだが必要とする量だけ食べている。一日の活動に見合った量だけ食べ、食べすぎることはない。

もちろん私はからだが必要としない食品は食べたりしない。


それから私は定期的に運動することも欠かさない。

エクササイズをして汗をかくことは気持ちがいいし、とても楽しい。

ストレスの解消にもなる。

運動すると、私のからだがすごく喜ぶし、いきいきする。

だから、運動は私にとってあたりまえの習慣になっている。


そして、定期的な運動は私のからだをますます引き締めてくれる。

運動することで私のからだは新陳代謝が活発になる。

そして、ぜい肉も脂肪もどんどん削ぎ落とされていく。

私は痩せたいところが痩せ、つけたいところに必要な筋肉をつけることができる。


鏡の前に立ったとき、私は運動の成果を実感する。

私は鏡のなかにとても格好いい自分を発見する。

本当に全身が引き締まっていて、どこを見ても余分なぜい肉も脂肪もない。バランスもいい。

そして、私は自分自身に満足する。

自分の体型にとても満足する。

私はナイス・ボディの持ち主だ。

全身が引き締まった格好いいナイス・ボディの持ち主だ。

エクササイズに励んでいる人を応援する言葉

ナイス・ボディの持ち主になるために、エクササイズを始めてもなかなかそれが続かないという人も多いものです。たいがいの場合、からだを動かすのがついおっくうになってやめてしまうのです。

あなたの家族や友人でエクササイズを始めたけれど、はたから見ていてどうも続けられそうもないという人がいたら、次のような言葉をいってあげましょう。

「運動しないで痩《や》せるのと、運動して痩せるのとでは、見た目が全然違うよ」

きっとその人は楽しんでエクササイズを続けていけるようになるでしょう。

ダイエット・美容編

余分な脂肪と糖分をカットする

意志の力ではなく暗示の力で楽に量を減らす

ダイエットを行なうとき、特に脂肪分や糖分の摂取量を減らすことが重要になってきます。しかし、脂っこいものや炭水化物が好きな人、甘いものには目がないという人にとって、これがなかなか難しいことなのです。

まず意志の力で好きなものをがまんしようとしてもうまくいきません。イライラしてかえってたくさん食べてしまう羽目になったりします。しかし、自然に欲しくなくなれば、楽に減量をすることができます。それを可能にするのが自己催眠です。

次の催眠暗示は、余分な脂肪や糖分をカットするための暗示です。脂っこいものや炭水化物、甘いものが大好きな人も暗示の力で楽にその量を減らせるようになります。

私のからだは食べものに敏感だ。からだにいいものと悪いものの区別を知っている。

私がからだにいいものを口に入れると、からだはとても喜んでくれる。私はその食べものをおいしいと感じるし、食事を心から楽しむことができる。

私がからだに悪いものを口に入れると、からだはちっとも喜ばない。私はその食べものを食べていても、おいしいと感じないし、ちょっと食べたらそれ以上は食べようとは思わない。

私のからだは脂肪分の多い食べものを喜ばない。脂肪分の多い食べものを食べると、私の内臓がうんざりする。

私はからだが脂肪分をいやがって

いるのがわかるし、私の舌もけっしておいしいと感じない。むしろしつこいと感じるだけだ。

私はからだに必要な最低限の量の脂肪分は摂るけれど、それ以上摂ることはしない。

私のからだは糖分も喜ばない。

だから、私は炭水化物や甘いものも必要な量しか摂らない。

ご飯やパン、また麺類は、必要な量はおいしく食べられる。それはからだがエネルギー源として必要としている量だ。

でも、必要な量を食べたら、それ以上はとたんにおいしくなくなる。

甘いものもちょっとぐらいならおいしいと思うけれど、それ以上はくどいとしか思わない。

疲れたときにほんの少しだけ甘いものを食べると、元気になれる。

でも、私はそれ以上は食べないし、欲しいとも思わない。

私は脂肪も糖分もからだが欲する量しか摂らない。からだが欲しがっている量を摂れば、私の心も満足する。

それ以上はおいしくないから、欲しくないし食べない。

だから、私はいつも健康でいられるし、からだに余分な脂肪やぜい肉をつけることもない。

甘いものや脂っこいものがやめられない人にかける言葉

あなたの友人や知り合いに、甘いものや脂っこいものが大好きで、そのためにダイエットがうまくいかないという人はいませんか？　もしそういう人がいたら次のような言葉をかけてみたらどうでしょう。「最近ダイエットを始めたんだけど、甘いものも脂っこいものも、少ししかからだが受けつけなくなったよ。あなたはどう？」

この言葉を聞くとその人はびっくりするかもしれません。でも、それが暗示となって自然と甘いものや脂っこいものの量が減っていくかもしれません。

ダイエット・美容編

体脂肪を燃やす

イメージの力で脂肪が燃えやすい体質に変える

痩《や》せていても体脂肪率の高い人がいます。脂肪はからだにとってある程度は必要なものですが、ありすぎるのは健康上好ましくありません。

体脂肪を減らすには脂肪分の多い食べものはできるだけ摂らないようにし、運動をすることが必要ですが、ある程度の年齢になるとちょっとやそっとの努力ではなかなか脂肪が減ってくれません。脂肪が燃えにくい体質になっているからです。

しかし、そういう人でもイメージの力を使うと脂肪が燃えやすくなります。人間のからだはイメージによく反応するからです。

次の催眠暗示を後述するイメージングと併用するならば、あなたのからだを脂肪が燃えやすい体質に変えることができます。体脂肪が気になる人はぜひ行なってください。

いま、私のからだのなかで火が燃えている。青白い炎を上げてとろとろと火が燃えている。

その火は脂肪を燃やしている。私のからだについている不要な脂肪を燃やしている。

私にははっきりと見える。白い脂肪に火がついて、それがどんどん燃えていくようすがはっきりと見える。

私のからだはだんだん温かくなる。それは心地よい温かさだ。そして、火は絶え間なく燃え続け、脂肪はますます燃えていく。

脂肪は燃えつきて、やがて消えていく。白いろうそくが燃えてしだいに溶けていくように、脂肪が燃えつきて消えていく。
いまこの瞬間に私のからだのなかでどんどん脂肪が燃えていく。
青白い炎が不要な脂肪を燃やし続けている。

暗示文を唱えたら、今度はイメージングを行なってください。からだのなかにある白い脂肪を思い浮かべ、その脂肪が燃えていくようすを想像するのです。あなたが気になっている部位（たとえば、ウエストの周囲など）に意識を向け、その部分の脂肪が青白い炎によって燃やされていくようすをイメージしてください。

運動嫌いの友人をやる気にさせる言葉

体脂肪が多いのに脂っこいものをたくさん食べ、運動は嫌いだからほとんどしない。こういう生活をしていたら、体脂肪はますます増えていくばかりです。脂肪だらけのからだは見た目にも美しくないし、健康上も問題です。

あなたの友人にも脂っこいものが大好きで、しかも運動が大嫌いという人がいるかもしれません。そういう人はその生活習慣をいますぐにでも改めなければなりませんが、なかなか自分ひとりではできないものです。

もしあなたに友人を手助けしてあげる気持ちがあるならば、一緒に運動をしてあげたらどうでしょう。といっても、いきなりジムに通おうと誘っても無理な話です。まずは手軽なところで歩くことから始めるのがいいでしょう。天気のいい日にでも、少し多めの距離を世間話でもしながら一緒に歩いてあげるのです。

ふだんほとんど動かない生活をしているから、少しでも歩くとすぐに汗をかくし、からだも熱くなってくるはずです。そこで次のようにいってあげるのです。

「歩いてからだが熱くなってきたでしょう？　いま脂肪が燃えているんだよ」

ちょっと歩いただけでも脂肪が燃える。これは大きなインパクトがあります。友人は自分でもがんばってからだを動かそうという気になってくれるでしょう。

ダイエット・美容編

ニキビ、吹き出物を緩和する

ニキビや吹き出物ができにくい肌をつくる

ニキビはよく青春のシンボルだ、といわれます。だから、思春期の子供にとってときどき顔などにニキビができることは自然な現象です。しかし、それが顔中ニキビだらけになったり、大人になっても頻繁《ひんぱん》にニキビや吹き出物ができるようだと困りものです。

ニキビや吹き出物の悩みを解消するには、いつも肌を清潔に保つことが必要です。また、バランスのよい食事を摂ることも大切です。

それから、ホルモンの分泌のバランスを調えることも重要です。だから、自己催眠を行なうことは効果的なのです。次の催眠暗示はニキビや吹き出物を除去し、またそれができにくい肌をつくる効果があります。ニキビや吹き出物で悩んでいる人はぜひ行なってみてください。

いま、私の肌は内側からも外側からもきれいになっている。

ニキビや吹き出物が跡形《あと》もなく消え、清潔できれいな肌になっている。顔はもちろんのこと、背中も胸も、からだじゅうのすべての肌がきれいになっている。

毎日自己催眠を行なっていると、私の心が安定し、穏《おだ》やかになる。ホルモンの分泌のバランスもよくなり、とても安定する。

そして、それが肌にもよい影響を与えている。

皮脂が出すぎることもなく、毛穴につまることもない。

それに私はいつも肌にいい食事を摂っている。栄養のばらつきがないように、バランスよく食べている。甘いものもそんなに食べない。

そして、私は常に肌が清潔になるように心がけている。顔をよく洗い、清潔を保っている。毛穴に入っていた皮脂やほこりはきれいに取り除いている。

きれいになった肌を見ると、とても気分がいい。

鏡に映った自分の顔を見ると、私はすがすがしい気持ちになる。

そして、手で触ったときも、その感触がとても心地よい。

私はこのきれいな肌が気に入っている。ニキビも吹き出物もない清潔できれいな肌がとても気に入っている。

ニキビを気にしている子どもに言う言葉

皮脂の分泌量が多いとニキビができやすくなります。思春期の子どもにニキビができやすいのは、その年代は皮脂の分泌が活発になるからです。

しかし、ほかの肌荒れがそうであるように、ストレスもニキビができる原因になります。そして、困ったことにニキビを気にすること自体が、実は大きなストレスになるのです。だから、一番いいのはニキビができても気にしないことなのですが、それができるようだったら苦労はしません。

本当はいっさい鏡も見ないに越したことはないのですが、ニキビが気になるとつい鏡を見ないと気がすまなくなってしまうものです。鏡を見てニキビの数を数えてみたら、また増えていたとなるとそれがストレスになってしまい、まさに悪循環なのです。

あなたの子どもがそういう悪循環に陥っているようだったら、次のようにいってあげましょう。「鏡を見るときは五〇センチ以上離れて見てごらん。そんなにニキビも目立たないでしょう?」

まさか家中の鏡を隠してしまったり、鏡を見ることを禁じることはできないでしょうが、こういってあげれば鏡を見ても子どももそんなにストレスを感じなくてすむでしょう。そして、ストレスが少なくなったぶん、ニキビも減ってくるかもしれません。

ダイエット・美容編

若さを保つ

肉体的にも精神的にも若々しいままでいられる

常に美しくありたい人にとって、若さを保つことは大きな関心事でしょう。いつまでも若々しいままでいるには、何が必要でしょうか？

ひとつには健康や体力の維持に努め、肌や髪の毛、筋肉などの手入れを怠《おこた》らないことが挙げられます。また、いろいろなことに興味や関心を持ち、心の若さを持ち続けることも大切です。プラス思考をし、ストレスをためこまないようにすることも大事です。それから、自分の年齢を気にしないこともとても重要です。「もう年だから」などと思うと、どんどん老化が進んでしまいます。

次の催眠暗示は若さと美貌を保つうえで非常に効果的です。これを毎日続けていけば、あなたはいつまでも肉体的にも精神的にも若々しいままでいられるようになるでしょう。

私には年齢なんて関係ない。
私はいつも若いし、心にもからだにも若さがみなぎっている。
人からも若いといわれるし、若々しい心とからだは永遠に私のものだ。
私の若さはみずみずしい心と感性が生みだしている。
私はいつもいろいろなことに興味や関心がある。
やりたいことがいっぱいあるし、それをどんどん実行している。
悩んでいる暇《ひま》なんかないし、くよくよすることもない。
常に前向きでポジティブだ。
だから、私はいつも若々しいし、溌《はっ》

刺《らつ》としている。

若さいっぱいの私は健康そのものだ。

からだじゅうのすべての細胞が健康でいきいきしている。

そして、すべての組織も器官も健康で若々しいままだ。

内臓も血管も若々しいし、骨格も筋肉も若々しい。

体力も旺盛《おうせい》で私はいつも元気だ。

私の筋肉や肌には常に張りがあり、ピチピチしている。髪の毛もふさふさとし、つやがある。

そして、私はいつも明るくいきいきとした表情をしている。それがいっそう私の若さと美貌を引き立ててくれる。

私は自分の若さに自信を持っている。

私は常に若いし、これから先もずっと若々しいままだ。

本当に私には年齢なんて関係ない。

私はいつも若さがみなぎっている。

年齢を気にしている家族に自信を取りもどさせる言葉

家族が年齢を気にし始めたら要注意です。「このごろ若いころと違って肌が衰《おとろ》えてきたわ」とか、「年のせいか気力が出なくなった」などといいだしたら、本人が自分の年齢のことを気にしているサインです。自分で「年だからしかたない」と思うようだったら、そのまま老化が進んでしまうかもしれません。

こういうときは、たとえ嘘でもいいから次のような言葉をいって自信を取りもどさせてあげてください。「このまえ○○さんと会って話をしたら、○○さんはお父さん（お母さん）のこと、まだ○○代だと思っていたんだって」

よく「嘘から出た誠」といわれますが、それを聞いたあなたのお父さん（お母さん）は、「自分もまだまだ若い」と思って自信を取りもどし、以前のようにいきいきとしてくるでしょう。

頭皮を健康にする

頭皮と毛根をよみがえらせ 毛髪の再生能力を高める

男女を問わず多くの人にとって髪の毛が抜けたり薄くなることはとても気になることでしょう。また、女性の場合は髪質の痛みも悩みの種になります。

発毛を促進したり髪質をよくするには、頭皮を健康にすることがポイントです。頭皮が丈夫で健康であれば、その下にある毛根も元気で若々しい状態が保てます。そして、古くなった毛髪が抜け落ちても、毛根が元気ならば新しい髪の毛がどんどん生えてくるのです。

次の催眠暗示には頭皮を丈夫で健康にし、さらに毛根を元気で若々しくさせる効果があります。抜け毛や髪の毛の痛みに悩んでいる人は、毎日実行してください。あなたの頭皮や毛根がよみがえり、毛髪の再生能力が高まっていきます。

私の頭皮は丈夫で健康だ。
健康でいきいきしている。
そして、常に柔軟性と弾力性を保っ

抜け毛に悩んでいる人にかける言葉

まだ若いのに抜け毛が止まらず、そのことを気にしている人がいます。別に禿《は》げているわけでなくても、ご本人にとってはとても深刻な問題でしょう。ひょっとしたら内心このままどんどん抜け毛が進行して、禿げあがってしまうんじゃないかと心配しているかもしれません。実際抜け毛が原因でうつ状態になってしまう人もいるくらいです。

よくいわれることですが、ストレスは抜け毛の原因になります。ほかにも抜け毛の原因はありますが、ストレスはかなり大きな要因になっています。

ご本人が何もいわないのにこちらからアドバイスするわけにはいきませんが、もしあなたの友人や家族などが抜け毛の悩みや不安を訴えてきたら、「ストレスがいちばんよくないんだよ」といってあげるといいでしょう。そうすればその人もなるべく気にしないようにしていくは

ている。

だから、私の頭皮にはいつも新鮮できれいな血液が流れ、栄養が行き届いている。

その栄養は毛根にもたっぷりと供給され、毛根を元気にさせ、若々しくする。


元気で若々しい毛根からは新しい髪の毛がどんどん生えてくる。

質のよい髪の毛が次々と生えてくる。

だから、私はいつも髪の毛がふさふさしている。それもつやのある上質の髪の毛がふさふさしている。


豊かな髪の毛は私の若さと魅力を増し、私に自信と誇《ほこ》りをもたらしてくれる。

私はこの髪の毛が大好きだ。


私の豊かな髪の毛は、丈夫で健康な頭皮と元気で若々しい毛根の産物だ。

私はこの頭皮と毛根の手入れを欠かさない。

髪の毛を洗うとき、私は頭皮をよくマッサージして刺激を与えてあげる。

頭皮のすみずみまで十分に刺激を与えてあげる。


マッサージをしてあげると、私の頭皮はますます丈夫で健康になる。

毛根もより元気で若々しくなる。

だから、新しい髪の毛がどんどん生えてくる。質のよい髪の毛が次々と生えてくる。


ずです。

　ただしこれはまだ毛根の下部に毛母細胞があって、これから新たに髪の毛が生えてくる可能性のある人にしか通用しません。もし老化が進んで毛母細胞がなくなっているようだったら、さりげなく次の言葉をいってあげましょう。「ニコラス・ケイジやジャン・レノ、渡辺謙って、大人の色気があって魅力的だよね」

　こういえば、その人も「そうか。だったら俺にもそういう色気があるかもしれないな」と思ってくれるかもしれません。

ダイエット・美容編

素肌を美しくする

自律神経やホルモンの分泌のバランスを整える

目鼻立ちが整っていていわゆる美人顔であっても、肌が荒れていたりするとせっかくの美しさも半減してしまいます。それだけ肌が人に与える印象は大きいものなのです。

もちろんある程度は化粧でカバーすることはできるでしょう。しかし、いくら上手に化粧しても、やはり素肌が美しい人にはかないません。それに肌の美しさがあってこそ、きれいな化粧も生《は》えるものです。

自己催眠を継続して行なっていくと、いつのまにか肌がきれいになっていきます。自己催眠によって自律神経やホルモンの分泌のバランスが整えられ、その結果肌の調子もよくなるのです。特に次の催眠暗示には素肌を美しくする効果が期待できます。乾燥肌や肌がざらついている人にもきっとよい変化があるでしょう。

私の素肌はとてもきれいだ。

お化粧をしなくても十分通用するきれいな肌だ。

だから、私の肌は私の自慢だ。

私のチャームポイントだ。

私の肌はいつもみずみずしいし、すべすべしている。

つやがあるし、張《は》りもある。

若々しくて、健康的な美しさがある。

私は毎晩よく眠れるし、朝は気持ちよく目が覚める。

そして、朝から晩まで快適な一日をすごしている。

いつも体調がよく、とても元気だ。

おかげで肌の調子もすごくいい。

それに私のからだは食べたものをよく消化し、不要になったものはきれいに排出してくれる。

毒素も徹底的にからだの外に追いだしてくれる。

肌のダメージになるようなものは全部からだが自浄作用によって消してくれるのだ。

だから、肌の美しさは私のからだが内側から生みだしたものだ。

だれもが私の肌を誉《ほ》めてくれる。

みんなが肌がきれいだといって感心してくれる。

私のことを素肌美人だといってくれる人もいる。


この美しい肌は私の大切な宝物だ。

私はその宝物を大切にあつかう。

いままで以上に私はからだをよくケアし、きれいな肌を守っていく。

毎日睡眠をたっぷりと取り、肌をゆっくり休ませてあげる。

食事にも気を配り、肌に悪い食べものは極力避《さ》ける。

肌を守るために、私は心のケアも欠かさない。

いつも明るくほがらかな気持ちですごし、ストレスはこまめに解消する。

悩みごとがあってもポジティブに考え、いつまでもくよくよしない。

私の美しい肌は大切な宝物だ。そして、私の素肌はますます美しくなる。

友人から美肌の秘訣を聞かれたときに答える言葉

何も努力しなくても肌がきれいな人がいます。もしあなたがそうならば、あなたは自分ではあまり意識していないのかもしれませんが、ふだんからとても健康的な生活を送っている可能性があります。たとえば、快食・快眠・快便といえるような健康的な生活をしていれば、特別な化粧水などを使わなくても、十分美しい肌を保てることも多いのです。

もし友人から美肌の秘訣を聞かれたら、ズバリ答えてあげましょう。「快食・快眠・快便に尽きるわね」単純明快な言葉ですが、友人も思わず納得するでしょう。

ダイエット・美容編

姿勢をよくする

姿勢の美しい人はとても魅力的に見える

姿勢がよいとそれだけで魅力的に見えます。男性だったら力強さや爽《さわ》やかさが感じられ、凛《りん》とした印象を与えます。女性の場合は、明るさや華やかさが増し、また穏《おだ》やかで落ち着いた印象も与えます。

もちろんその人の年齢やもともとの容貌によっても人に与える印象は異なってくるでしょうが、姿勢をよくすれば誰でもより魅力的になることは確かなことです。

それによい姿勢は健康上も好ましいし、精神衛生にもよい影響を与えます。

猫背やついだらしない姿勢になってしまうという人は、次の催眠暗示を行なってみてください。ふだんから自然と美しいよい姿勢がとれるようになり、あなたはいまよりもっと魅力的な人になれます。


私は姿勢がきれいだ。

いつもよい姿勢をしている。私が魅力的に見える美しい姿勢をしている。

どこにいても、何をするときも、私は常に姿勢がきれいだ。

椅子に座るときも、床に座るときも、私は必ず背筋を伸ばす。

背筋をすっと伸ばして腰を下《お》ろす。

といっても、けっして力んだりはしない。背中や胸に力を入れないで、腰でからだを支える。

だから、自然で無理のない美しい姿勢がとれる。

背筋を伸ばすと、とても気持ちがいい。からだがしゃんとするし、心が安定する。

穏やかで、しなやかな心が持てる。

そして、それは私の美しさを引き立て、私はより魅力的になる。

私は立っているときも、歩いているときも、いつも背筋を伸ばしている。

背筋を伸ばしていると、私のオーラが美しい輝きを放つ。

私のいる場所は大輪の花でも咲いたようにパッと明るくなる。

私はよい姿勢が美しさを生みだすことを知っている。

だから、いつも美しいよい姿勢を心がけてきた。

最初のうちは意識して姿勢をよくするように努力してきた。

でも、いまでは意識しなくても自然とよい姿勢が取れるようになっている。

とても楽に美しいよい姿勢が取れるようになっている。

よい姿勢を習慣にしていると、からだの調子もよくなる。

いつも、元気だし、溌剌《はつらつ》としていられる。からだの内側から常にいきいきしたエネルギーが湧《わ》いてくるのがわかる。

それによい姿勢をしていると、なぜか自信も湧いてくる。

そして、意欲も湧いてくる。

私は姿勢がきれいだ。

いつも美しいよい姿勢をしている。

だから、私はとても魅力的に見えるし、いつも輝いている。

姿勢の悪い人をハッとさせる言葉

どんなに素敵な容姿の持ち主でも、猫背やだらしない姿勢をしている人は、魅力も半減してしまうものです。

あなたの身近な人で、もっと姿勢をよくすればずっと魅力的になれるのにと思うような人がいたら、機会を見ていってあげましょう。一緒にテレビに出ているタレントや俳優を見ながら、「○○って姿勢がいいから魅力的なんだね」

その人は思わず自分の姿勢を正すのではないでしょうか。こうなればしめたものです。ふだんからいい姿勢を心がけるようになる可能性も大きくなります。

ダイエット・美容編

輝きに満ちた優しい眼差しになる

目に輝きがある人はとても魅力的だ

目には表情があります。目が泣いているとか、目が怒っているというようにそのときの感情が目には表われやすいものです。なかにはいつも死んだような目をしている人がいます。そういう人はどんなに美人であっても、けっして魅力的には見えません。

　逆に目に輝きのある人はとても魅力的です。きらきらした目はいきいきしたエネルギーを感じさせるし、その目を見ているだけで心を奪われてしまうことだってあるでしょう。これに優しさが加わったら魅力はさらにアップします。

　次の催眠暗示を毎日行なっていくと、あなたは輝きに満ちた優しい眼《まな》差《ざ》しの持ち主になれるでしょう。いまよりもずっと魅力に溢《あふ》れた素敵な人になれること間違いなしです。

私の目には輝きがある。
キラキラと光る輝きがある。
澄んだ瞳の奥に宝石のような輝きが宿っている。
そして、その輝きには優しさがある。
人を包み込むような優しさがある。
思いやりと、人をいたわる優しさが宿っている。
この輝きに満ちた優しい眼差しは私のチャームポイントだ。
私をこのうえもなく魅力的にする素晴らしい長所だ。
私の瞳の輝きは人を魅了する。

人を惹きつける力がある。
そして、私の優しい眼差しは人に安心感を与える。人を癒《いや》す力がある。

だれと話すときも、私は輝きに満ちた優しい眼差しで相手を見る。
輝きに満ちた目をとおして相手の話を聞く。そして、優しい目をとおして相手の心を感じる。
だから、私は相手の心を深く感じることができるし、相手も私の心を深く感じてくれる。

私の瞳はいつも輝いている。そして、いつも優しい光が宿っている。
輝きに満ちた優しい眼差しは私自身を輝かせ、私自身を優しくする。
私はこの眼差しが大好きだ。

恋人の瞳に輝きをもたらす言葉

あなたは恋人と話をするときに、相手の目を見ながら話しているでしょうか？

きらきらと輝きのある目やいきいきとした力のある目で彼（彼女）を見てあげたら、彼（彼女）はますますあなたの虜《とりこ》になることでしょう。

ところで、彼（彼女）のほうはあなたの目を見て話してくれるでしょうか？ もしそうでないならば、彼（彼女）は目を見ることに苦手意識を持っているのかもしれません。私たち日本人にはそういう人が多いのです。

でも、恋人同士なのに目を見てもらえないのは寂しいものです。目を見て話をするほうが、安心できるし、心も通いやすくなります。

もしあなたの恋人が目を見てくれないなら、彼（彼女）が自分の目に自信が持てるようにしてあげるといいでしょう。言葉の力を使って、自分の目には魅力がある、と思わせてあげるのです。彼（彼女）の目を見つめながら次のような言葉をいってあげましょう。

「目がいいね」

「目に力があるね」

そのときあなたは彼（彼女）の瞳が一瞬きらっと輝くのに気づくかもしれません。そして、それからは彼（彼女）もあなたの目を見て話してくれるようになるでしょう。

ダイエット・美容編

素敵な笑顔をつくる

人の心をつかむような笑顔の持ち主になる

笑顔は人を安心させます。特に自分の好きな人の笑顔を見ると、ホッとするしうれしくなります。逆にいうと、笑顔を見てその人のことが好きになることだってあります。それくらい笑顔には力があるのです。

「笑顔がいいね」と誉《ほ》められる人がいます。そういう人の笑顔は素敵だし、とても魅力的です。いつも自然にそのような素敵な笑顔ができるようになったら、あなたの魅力は倍増することでしょう。きっと人間関係ももっとよくなるのではないでしょうか。

次の催眠暗示はあなたが素敵な笑顔が自然にできるようにするための暗示です。毎日続けていけば、うまく笑顔がつくれないという人でも人の心をつかむような素敵な笑顔の持ち主になれます。


私は笑顔がいい。

笑顔が素敵だ。最高だ。

笑顔になると私はより輝き、より魅力的になる。

笑顔になると、私は最高の私になる。

私は誰に対しても素敵な笑顔を見せることができる。

いつもとびっきりの笑顔を見せることができる。そして、笑顔とともに私の魅力が溢《あふ》れだす。

私の笑顔には人の心を溶かす力がある。人を惹《ひ》きつける力がある。

だから、初めて会った人でも、私は笑顔でその人の心をつかんでしまう。会った瞬間から心をつかんでしまう。

人と顔を合わせたら、いつも私は笑顔をプレゼントする。

笑顔で話し、笑顔で話を聞く。

私がニコニコしていると、相手の人はほっとする。
ハッピーな明るい気持ちになれる。
そして、心を開いてくれる。
だから、会話も弾《はず》むし、楽しいひとときをすごすことができる。
笑顔でいると、私自身ハッピーになる。楽しくなる。
そして、優しくなれる。
そのとき私は最高の私になっている。
私は笑顔がいい。
笑顔が素敵だ。魅力的だ。
笑顔の私は最高だ。

恋人の笑顔に磨きをかける言葉

恋人の笑顔を見ると、とても幸せな気持ちになれるという人は多いでしょう。悩みごとや気になることがあっても、その笑顔を見ただけで気が晴れたりすることだってあります。

逆に恋人があまり笑わない人だと、そういう気持ちにはめったになれません。それに一緒にいてもだんだん楽しくなくなってくるかもしれないし、自分のことがそんなに好きではないのかなと不安に思ってくることだってあるでしょう。

でも、あなたの彼（彼女）がふだんなかなか笑顔を見せてくれなくても、そんなふうに心配することはありません。もともと彼（彼女）は笑顔が得意でないだけなのかもしれないし、笑顔でいることの大切さがよくわかっていないのかもしれません。

もしそうならば、彼（彼女）に笑顔の大切さをわからせたり、笑顔に自信を持たせてあげることが必要です。それができるのは、なんといってもあなた自身です。それが恋人の力というものです。

次の言葉には彼（彼女）の素敵な笑顔を引きだす力があります。「きみ（あなた）の笑った顔を見ると、ほっとするよ（わ）」

彼（彼女）はあなたがどんなに自分の笑顔を喜んでくれているのか、よくわかってくれることでしょう。そして、これからはとびっきりの笑顔を見せてくれるようになるでしょう。

ダイエット・美容編

内面を美しくする

心のおしゃれをして美しさに磨きをかける

心のありさまは自然とおもてに表われます。その人の行動や態度となって表われるし、その人のかもしだす雰囲気としても表面に出てきます。雰囲気というのは形のないものですが、外見に大きく影響します。むしろ顔のつくりやスタイル以上に、その人の魅力のもとになるといっても過言ではないでしょう。

だから、内面の美しさはとても大切です。内面の美しい人は自然とそれが魅力となって表われます。美人であるなしに関係なく、非常に魅力的であり、輝きがあるのです。

次の催眠暗示はあなたが内面の美しさを獲得し、本当の意味で魅力的な人になるためのものです。心のおしゃれをすれば、美しさにも磨きがかかり、あなたはもっと素敵な人になれます。

私は心のおしゃれを忘れない。
美しい心、豊かな心が持てるように
いつも心のおしゃれを欠かさない。

それは内面の美しい人こそ本当に美しい人だと思うからだ。

だから、私は心のおしゃれを欠かさない。心が美しくなるように、豊かになるように私は努力を惜《お》しまない。

私はいつも自分自身によい刺激をたくさん与えてあげる。

よい音楽を聞き、心に残る本を読む。

美しい絵や芸術に触れ、四季の美しさを肌で感じる。

たくさんの刺激を自分に与えて、心を感動させてあげる。

それが心を美しくし、豊かにすることを知っているからだ。

そして、私は何よりも思いやりや優しさを大事にする。

自分のことだけ考えるのでなく、人を思いやり大切にする気持ちを常に持ち続ける。

それから、私は心のなかを不満でいっぱいにするようなことはしない。

心を嫉妬《しっと》や怒りで燃やしたり、傲慢《ごうまん》になったりもしない。

きれいでピュアな心が持てるようにする。

もちろん私は外見の美しさも大事にする。だから、おしゃれもする。

でも、私はそれ以上に内面を美しくする。内面の美しさがあってこそ、外見の美しさも生きると思うからだ。

私は常に心のおしゃれをする。

私は内面が美しくなるように、これからも自分を磨き続けていく。

子どもに内面の美しさに目を向けさせる言葉

思春期にもなれば男の子も女の子もおしゃれに関心を持つ子が多くなります。それはその子が順調に成長していることの証であり、とても大切なことです。

そして、この時期に単に外面的なおしゃれだけでなく、内面の美しさが大切であることを親や周囲の大人が教えてあげれば、その子の人生が心豊かなものになるような基盤をつくってあげられます。

あなたの子どもや身近にいる子どもに次のようにいってあげると、外見のおしゃれだけでなく内面の美しさにも目を向けさせることができるようになるでしょう。「きれいな心を持っている人は、みんなから好かれるんだよ」

これをいうときは、できれば実際にあなたも子どもも知っているきれいな心の持ち主を例に挙《あ》げて話をすると、ぐっと説得力も高まります。

ダイエット・美容編

努力は惜しまず継続する

楽しみながら努力をして素敵な人に変身する

誰でも努力すればもっと魅力的になれるし、素敵な人になれます。でも、その努力が続かない人がいます。美肌づくりを始めてもすぐに挫折してしまったり、シェイプアップのための運動も長続きしなかったりと、途中で投げだしてしまうのです。

なかには自分が魅力的な人になれるとは思えず、はなから努力しようとしない人もいます。

努力は大切です。自分を磨《みが》く努力を続けていけば、誰でも確実に素敵な人になっていけるし、いままで気づかなかった自分の魅力を発見したりもします。

次の催眠暗示を行なえば、なかなか努力ができなかった人も楽しみながら努力ができるようになります。そして、いつの間にかあなたは素敵な人に変身していくことでしょう。

私はもっと素敵になれる。
もっと魅力的になれる。
私が努力すれば、いまよりもずっと

何事もすぐに投げだしてしまう家族に言う言葉

ダイエットを始めても、一週間もしないうちにやめてしまう。毎日こまめに顔を洗うようになったかと思ったら、いつの間にかしなくなっている。ジムに入会しても、高いお金だけ払ってほとんど通わない。

あなたの家庭にはこんな人はいませんか？　もっときれいになりたい、いまよりも素敵な人になりたいという気持ちはあっても、なかなか努力が続かず何事もすぐに投げだしてしまうような人です。あるいはおしゃれにはまったく関心を向けず、ぼさぼさ髪でも平気だし、全然身なりにかまわないといった人はいないでしょうか？

家族にこのような人がいたら、いかに努力を続けることが大切か、また努力をすれば誰でも魅力的になれるということを教えてあげる必要があります。

といっても、直接そのことを本人に話

輝くことができる。

絶対きれいになれる。

だから、私は努力を惜《お》しまない。

もっと素敵になるための努力を惜しまない。


私にはまだ私の知らない魅力が隠れている。私が気づいていないだけで、私には素敵な魅力が隠れている。

私が努力すれば、その魅力が見つかるはずだ。

だから、私は努力を続ける。

もっと素敵になるために、もっと美しくなるために私は努力する。


でも、私は無理はしない。

がんばりすぎたりもしない。

私は無理をしないで楽しみながら自分を変えていく。

だから、三日坊主にならないし、ずっと努力を続けていける。


少しずつでも自分が変わっていくのは楽しいし、うれしいものだ。

ちょっとでも進歩すると、私は自信がついてくる。

自分がもっと素敵になれることを心から信じることができる。

努力が実を結ぶことを信じられる。

そして、私はさらに努力を続けることができる。


私はもっと素敵になれる。

もっと魅力的になれる。

だから、私はこれからも努力を惜しまずに続けていく。


しても、反発されるだけか、あなたの話にちっとも耳を傾けようとしてくれないかもしれません。

そんなときは第三者をダシにして、話をするといいのです。たとえば、テレビに出ている芸能人を見ながら次のようにいってあげると、けっこう効果があります。

「この人ってデビューしたてのころよりもいまのほうがずっと素敵だね。きっと目に見えないところで努力してきたんだろうね」

ダイエット・美容編

おしゃれになる

自分のよさや魅力を引きだし自分に似合ったおしゃれをする

　高価な服で着飾ったり、一生懸命お化粧をしても、それが似合っていなかったりどこかアンバランスだったりすると、けっして魅力的には見えないものです。本人はおしゃれをしているつもりでも、全然おしゃれにはなっていないのです。

　おしゃれにはコツがいります。まず何が自分に似合うのかを知ることが必要です。品位を失わないことも大切です。そういったことがわかる感覚を持つことがおしゃれには欠かせません。センスのよさといってもいいでしょう。

　次の催眠暗示はあなたがセンスのよさを養い、おしゃれ上手になるための暗示です。あなたは自分のよさや魅力を引きだし、あなたに似合った素敵なおしゃれができるようになるでしょう。

私はおしゃれだ。
おしゃれで、センスがいい。
私らしさを生かし、私によく似合ったおしゃれができる。
だから、私はおしゃれ上手だ。
服装でも髪型でも、私は自分に何が合っているかよくわかっている。
お化粧のしかたやアクセサリーだって、自分に似合うものを知っている。
自分に合った色やデザイン、形をよく知っている。
だから、私は私の個性やよさを最大限生かした素敵なおしゃれができる。
それは自然で無理のないおしゃれだ。
人から見ても好感の持てる嫌味《いやみ》のな

いおしゃれだ。

おしゃれをするとき、私は必ず全体のバランスを考える。

髪型、服装、アクセサリー、靴、そしてお化粧とコーディネートを考えて、うまくバランスを取る。

だから、私はセンスのいいおしゃれができる。

それから、私はいつもＴＰＯも考える。どこに出かけるか、だれと出かけるか、何をするかでもっともふさわしいおしゃれを選ぶことができる。

だから、周囲から顰蹙《ひんしゅく》を買うこともないし、みんなに誉《ほ》めてもらえる。

私はおしゃれはお金をかけるばかりが能ではないこともわかっている。

そんなにお金をかけなくても、私は上手に工夫を凝《こ》らして素敵なおしゃれができる。

たとえ値段の安いものでも私は高級品に見せてしまう。

それでこそおしゃれ上手だ。

本当に魅力のある人は品がある。

だから、おしゃれをするとき、私は品を大切にする。

何を着ても、何を身につけても私は品を失わない。

私はおしゃれだ。おしゃれ上手だ。おしゃれ上手だから、いつも素敵なおしゃれができる。いつも最高の私を演出できる。

友人のセンスを引きだす言葉

目一杯おしゃれをしているつもりでも、はたからはどう見てもセンスが悪いとしかいいようのない人がいます。あなたの友人にそういう人がいたら、どんなふうにいってあげたらいいでしょうか？

いくら友人でも、面と向かって「センスが悪いよ」とはいえません。

こういう場合、次のようにいってあげると、友人も自分のおしゃれについて考え直すようになるかもしれません。「なんかの本で読んだんだけど、自分に合ったおしゃれができる人が一番魅力的なんだって」

COLUMN Ⅳ

テーマ音楽で自信や勇気を引きだす

62ページに記したように、動物磁気による治療を行なったフランツ・アントン・メスメルは、治療を行なう際に音楽を使用しました。音楽に精通していた彼は、音楽の効果をよく知っていたのです。

私がふだん催眠療法を行なうときも、音楽はよく使います。主としてヒーリング・ミュージックを使うのですが、音楽は催眠状態に導くのによい方法です。もちろん曲によっては不適切なものもありますが、ゆったりとした静かな音楽は催眠を行なうときには効果的です。

だから、本書の読者の方が自己催眠を行なうときも、そういった曲を流しながら行なってもいいのです。

そのとき催眠状態に入るときは、できるだけ静かでゆっくりとした曲を使用するのがいいでしょう。ただ催眠状態に入ってからセラピーを行なうときは、その暗示によっても異なりますが、勇猛な感じのする曲や気持ちが高揚《こうよう》するような曲を使ったほうが効果的な場合もあります。

それをするには自分で専用のテープとかMDを作成する必要が出てきますが、めんどうでなければ自分自身でそうやって工夫をしてみるといいでしょう。

なお正式な自己催眠ではなく、簡単な自己暗示を行ないたいというときにも音楽を使うと効果が高まりますが、これもその暗示によって使う曲は変えたほうがいいでしょう。たとえば、自信や勇気を引きだしたいときなどは、多少アップ・テンポの曲に乗って力強く暗示を行なうことをお勧めします。逆に優しい気持ちになりたいときは、ヒーリング・ミュージックなどがお勧めです。

健康・性格編

PART 6

健康・性格編

自然治癒力を高める

心に働きかけることで自然治癒力を高められる

私たちの健康を支えているのは、からだが持っている自然治癒力です。自然治癒力があるからこそ、私たちはカゼをひいてもじきに治るし、ケガをしてもいつのまにか傷が治り、健康を保っていられるのです。

健康を維持し、さらに増進していくには、この自然治癒力を高めてやることが大切です。

心とからだは密接に結びついています。心の状態はからだに影響し、からだの状態は心に影響します。だから、催眠暗示を使って心の面からの働きかけをすれば、自然治癒力を高めることができるのです。

次の催眠暗示はあなたの自然治癒力を飛躍的に高めてくれます。現在健康に自信が持てないという人や、もっと健康になりたいという人はぜひ行なってみてください。

私のからだには非常に優《すぐ》れた自然治癒力が備わっている。
私の健康を守ってくれる素晴らしい

いつも具合が悪いといっている人にかけてあげる言葉

年がら年中からだの不調を訴える人がいます。顔を見るたびに、「頭が痛い」、「胃腸の調子が悪い」、「息苦しい」などと、どこかしら具合が悪くてそれをこぼすのです。

このような人はけっして健康に気を遣っていないわけではありません。むしろ人一倍健康には気を配り、健康食品を摂《と》ったり、いろいろな健康法を試したりしていることが多いのです。当然健康に関する知識も豊富に持っていて、自然治癒力を高めることが大事だということもわかっているのです。

しかし、案外生活のなかでリラックスする習慣はないかもしれません。リラックスすることが必要だということを知っていても、意外と実行していないのです。

というのは、こういう人は完璧主義的な考え方をすることが多く、リラックスするにはじっくりと時間を取らなければ

自然治癒力が備わっている。

だから、私はいつも健康だ。

健康そのものだ。


この素晴らしい自然治癒力は常に私のために働き、私の健康を維持してくれる。

二四時間休むことなく働いて、私の健康を守ってくれる。


からだのなかでバランスを崩《くず》しているところがあれば、自然治癒力が自動的に働いてもとにもどしてくれる。

どこかでトラブルが発生すれば、それもすぐに解決してくれる。

そして、弱っているところがあれば、そこを強くしてくれる。悪いものがあれば即座に退治してくれる。


だから、私は安心して生活できる。

自然治癒力のおかげで毎日安心して生活できる。

そして、私はいつも健康で快適な生活を享受することができる。


からだのなかにこのような素晴らしい力が存在するなんて実に驚きだ。

まさに自然の驚異だ。

神秘の力だ。

そして、私はこの神秘の力に感謝する。心から感謝する。


私の自然治癒力はこれからますますその威力を増していく。

だから、私はいまもこれからもずっと健康だ。自然治癒力のおかげで私はいつも健康そのものだ。


ならないと思っていて、それだけの時間は取れないからといって結局は実行しなかったりするのです。

　そこで、もしあなたの家族や友人にこのような人がいたら、次のような言葉をかけてあげるといいでしょう。「新聞に書いてあったけど、五分間リラックスするだけで、自然治癒力がグーンと高まるんだって」

　この言葉を聞けば、その人は「なーんだ、そんな簡単なことだったのか」と思って、気軽にリラックスする習慣が持てるようになるでしょう。

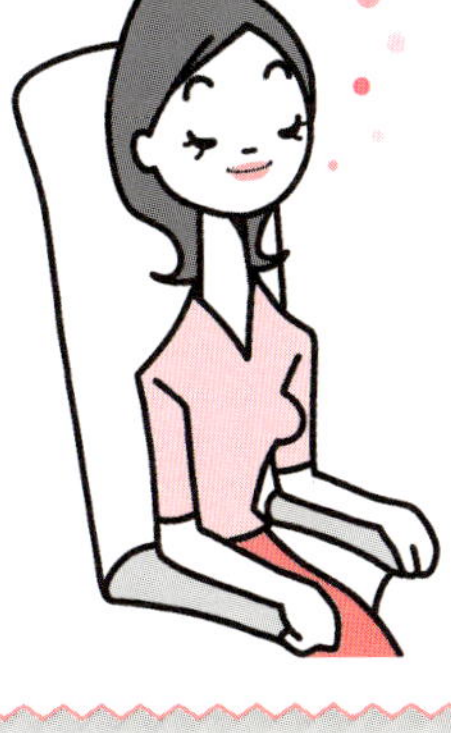

健康・性格編

血液をきれいにする

ドロドロ血液をサラサラ血液に変える

よくいわれるようにドロドロした血液は万病のもとです。ドロドロした血液のなかには、中性脂肪やコレステロールがいっぱい浮かんでいるし、ブドウ糖なども必要以上に含まれています。このような血液がさまざまな病気の原因になることは容易に想像がつくでしょう。

からだを健康にするには、ドロドロした血液をサラサラしたきれいな血液に変えてやらなければなりません。そのためには望ましい食生活や定期的な運動、睡眠をきちんと取るといったことが必要になってきます。

次の催眠暗示は正しい生活習慣を身につけ、サラサラしたきれいな血液を取りもどすためのものです。現在生活習慣病などの危険を感じている人やすでに生活習慣病にかかっている人は毎日徹底的に行なってください。

私の血液はとてもきれいだ。
サラサラしていて、とてもきれいだ。

サラサラしているから流れもいい。
何ひとつ余分なものはなく、まさに理想的な血液だ。人に自慢できるような理想的な血液だ。

私はいつも健康的な食習慣を守っている。からだが喜ぶような望ましい食生活を続けている。

毎日私はからだが必要とする食物を適切な量だけ摂っている。
からだが必要としない食物のや害になる食物のは、ほとんど食べないし、食べてもほんの少しだけだ。
それに私はアルコールも適量ですましている。
私の血液がきれいなのはそのせいだ。

それに私は定期的に運動をし、毎日よい睡眠を取っている。
ストレスもこまめに解消し、常に心とからだをリフレッシュさせている。
私の血液がきれいなのはそのせいだ。

サラサラしたきれいな血液はいつも私の全身を駆《か》けめぐっている。
からだじゅうの血管のなかを勢いよく流れている。
手や足のすみずみまで、新鮮できれいな血液が一瞬も滞《とどこお》ることなく流れ続けている。

だから、血管を傷つけることもない。
私の血管が丈夫なのはきれいな血液のおかげだ。

そして、きれいな血液は私の健康を守ってくれる。
私のからだを常に健康な状態に保ってくれる。
だから、きれいな血液は健康の源《みなもと》だ。

私の血液はとてもきれいだ。
サラサラしていて、とてもきれいだ。
流れがいいし、理想的な血液だ。
私の宝物だ。

私はこのきれいな血液を守っていく。
これから先もずっときれいでサラサラとした状態を大切に守っていく。

家族に生活習慣を改めさせる言葉

ドロドロ血液は糖尿病や動脈硬化などの原因になります。家族にその危険性のある人がいたら、何かと心配だし、生活習慣を改めてもらいたいと思うのではないでしょうか？

しかし、世の中には頑としてなかなか家族のいうことをきいてくれない困った人がいるのです。もしあなたの家族にそういう人がいたら、次のようにいってあげると、案外いうことをきいて悪い習慣を改めてくれるかもしれません。「○○が健康でいてくれることが家族みんなの幸せにつながるよ」

健康・性格編

ストレスを解消する

その日のストレスは　その日のうちに解消する

このストレス時代、誰でも大なり小なりストレスを抱えながら生きています。そして、本人が自覚するしないにかかわらず、毎日ストレスはかかってきます。

ストレスはさまざまな病気の原因になります。だから、病気を予防し健康を維持していくためには、毎日こまめにストレスを解消することが必要です。週末にまとめて解消すればいいというものではないのです。

催眠状態に入ると非常にリラックスし、心もからだも休まります。このときたまっていたストレスも解消されていくのです。

ストレスを感じている人もそうでない人も、次の催眠暗示を毎日行なってください。その日のストレスはその日のうちに解消して、あなたの大切な健康を守っていきましょう。

いま、私はとてもリラックスしている。気持ちのいい催眠状態に入り、私の心とからだはゆったりとしている。

呼吸も穏《おだ》やかで、とてもゆったりとしている。

そして、息を吐くごとに、からだじゅうの力はますます抜けていく。首や肩の力が抜け、背中や腰の力も抜ける。腕や脚《あし》の力も抜ける。スーッと全身から力が抜けていく。

力が抜けるのにつれて、私はさらに深い深い催眠状態に入る。深い深いくつろぎの世界に私は入っていく。

本当にいい気持ちだ。私の心とからだは深いやすらぎに包み込まれている。

とても平和で穏やかだ。

すっかりくつろいで、私はさらに深く深くリラックスしてきた。


こうしてくつろいでいる間にも、私はより深い催眠状態に入っていく。

なんだか頭がほわーんとしてくる。

少しうとうとしてきた。

心地よい眠気がやすらぎを深くしてくれる。

心とからだがとろけてしまいそうなくらいとてもいい気持ちだ。

しばらくの間、私はこの気持ちのいい催眠状態に身を任せることにする。

この深いやすらぎにすべてをゆだねることにする。


そうしていると私の脳そのものがすっかり休まっていく。

心とからだも疲れが取れ、すっかり休まっていく。

そして、たまっていたストレスがどんどん抜けていく。今日一日のストレスが完全に抜けていく。


（できるだけ長く時間を取る）


さあ、私のストレスは完全に抜けていった。たまっていたストレスはすべて消えていった。

いま、私は癒《いや》され、私の心とからだはとてもいい状態になっている。

私は癒され、蘇《よみがえ》ったのだ。

ストレスがたまっている人にいう言葉

ストレスには肉体的なストレスと頭や心のストレス（精神的ストレス）の二種類があります。肉体的なストレスは、からだをゆっくりと休めればけっこう解消できます。そして、頭脳労働などによる精神的なストレスは、逆にからだを思いっきり動かすことで、割とスッキリと解消できるものなのです。

あなたの周囲の人で精神的なストレスがだいぶたまっていそうな人がいたら、次のようにいってあげましょう。「頭のストレスはからだを動かすと簡単に取れるんだよ」

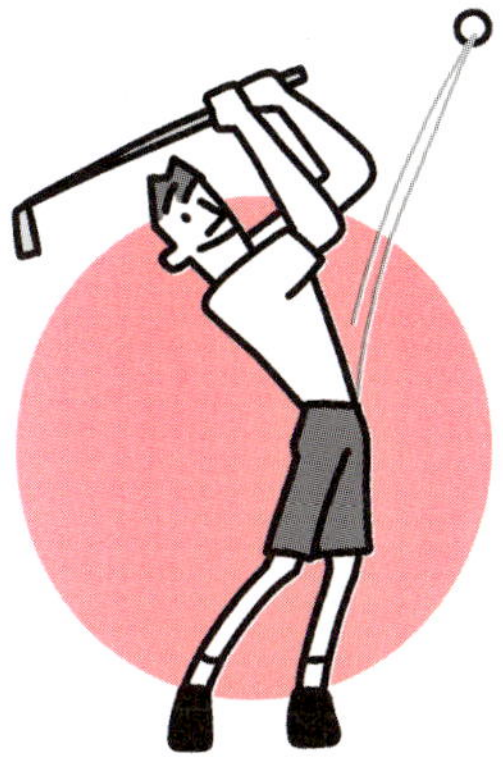

健康・性格編

便秘を解消する

暗示で腸の動きを活発にする

お通《つう》じがないというのは実に不快なものです。たまに便秘するだけでも気分が悪いものですが、来る日も来る日も出るものが出てくれないとまさに地獄の苦しみです。

おなかが張《は》ってしかたがないし、ガスがたまるのも気になります。毎日が憂鬱《ゆううつ》でイライラすることも多くなります。

便秘を解消するには腸の運動（ぜん動）を活発にしてやる必要があります。そのためには腹筋運動などでからだを動かすことが効果的ですが、実は暗示で腸の動きをよくすることもできるのです。

次の催眠暗示には腸のぜん動を活発にする効果があります。便秘で悩んでいる人はぜひ行なってみてください。きっとスッキリした爽《さわ》やかな毎日が送れるようになるでしょう。

私のおなかはいつもスッキリしている。毎日規則正しくお通じがあるから、いつもスッキリしている。

だから、私は爽やかで快適な毎日を送っている。

私が食べたものは胃のなかでよく消化され、腸に送られてくる。

すると、私の腸は活発に動き始める。

私の腸は働き者だから、食べものが送られてくると待ってましたとばかりに元気よく動き始める。

その動きはまるで性能のよい機械のようにとてもリズミカルだ。

そして、勢いがある。

本当に私の腸はよく働いてくれる。
私のために時間をかけて丁寧《ていねい》に、そしてパワフルに仕事をしてくれる。

たっぷりと仕事をしたら、腸は私に必要な栄養を吸収し、いらないものは外に送りだしてくれる。
忘れ物がないようにきれいに送りだしてくれる。
そして、おなかがスッキリする。

こうやって私のおなかはいつもスッキリしている。
毎日気持ちのいいお通じがあり、いつもスッキリしている。
だから、私は爽やかで快適な毎日を送っている。
毎日機嫌《きげん》よくすごしている。

便秘に悩む家族を救う言葉

便秘で悩んでいる人はたくさんいます。家族の誰かが毎日重症の便秘で苦しんでいて、それをあなたに訴えてきたら、あなたも憂鬱《ゆうつ》な気分になるのではないでしょうか？

家族の一員としてなんとかしてあげたいと思っていても、こればっかりはどうにかしてあげられるものでもありません。自分のおなかならまだなんとかすることはできても、ほかの人のおなかのことはどうすることもできません。

でも、便秘は腹筋運動をすると案外簡単に解消してしまうことがあります。おなかを外から刺激してやれば、腸のぜん動を活発にすることができるのです。

あなたの家族に便秘で悩んでいる人がいたら、次の言葉をいってあげましょう。

「友達は腹筋を始めたら治ったって」

家族がこの言葉を聞いて興味を持つようだったら、さっそく実行してもらうことです。できればあなたも一緒にやってあげるといいでしょう。やっぱり一緒にやってくれる人がいると、運動嫌いで腰の重い人でも気軽に取りかかれるのです。

そして、お互いにおなかの筋肉が痛くなったころに、もうひと声いってあげると、なおいいでしょう。「今日あたり出そうな気がするよ」

健康・性格編

胃腸を丈夫にする

「おなかが温かい」という暗示が胃腸を強くする

からだのなかで胃腸はもっともストレスの影響を受けやすい場所です。そのため強いストレスにさらされている人には、胃腸の悩みを抱えている人が少なくありません。たとえば、年中胃が痛んだりもたれたり、頻繁《ひんぱん》に下痢を繰り返したりするなどの症状に悩まされるのです。

胃腸を丈夫にするには温感暗示が非常に有効です。温感暗示というのはからだのいろいろな部位に対してその部分が「温かい」と暗示していくものです。胃腸の場合は「おなかが温かい」、「胃が温かい」、「腸が温かい」と暗示します。

ストレスで胃腸のトラブルを抱えている人、また生まれつき胃腸が弱いという人は次の催眠暗示を行なってください。毎日繰り返すことで確実に胃腸が丈夫になっていきます。

私のおなかには太陽が入っている。まーるい太陽がおなかのなかにすっぽりと納まっている。

太陽はおなかのなかで燦燦《さんさん》と輝いている。まばゆいばかりの光を放って燦燦と輝いている。

太陽の光で私のおなかが温かくなってきた。胃と腸がだんだん温かくなってきた。

おなかが温かい。おなかが温かい。胃も腸もポカポカと温かい。

お腹が温かい。お腹が温かい。ポカポカしてとても気持ちがいい。まるで温かいカイロがおなかの上に乗っかっているようだ。

おなかが温かい。お腹が温かい。おなかがポカポカと温かい、温かい。胃と腸が温かい、温かい、温かい。

（この三行を何遍《なんべん》も繰り返す）

おなかが温かくてとても気持ちがいい。心のなかまで温かくなるようだ。そして、温かくなって私のおなかはどんどん丈夫になる。胃も腸もどんどん強くなる。

いまこの瞬間に私のおなかが強く丈夫になる。

私のおなかは強くて丈夫だ。

この暗示を唱えるときは、おなかのなかに太陽が入っているのをイメージしてください。直径が少なくとも二〇センチ以上の太陽がおなかのなかで輝いているのを想像しながら、暗示を繰り返してください。

胃腸の弱い友人や家族に「笑い」の効用を説く言葉

胃腸が弱い人には、かなり神経の細い人が多いものです。そういう人はちょっとしたことが気になって、ひとつのことにこだわったり、すんだことをいつまでもくよくよと思い悩んだりする傾向があります。また、先のことをあれこれと考えて、取り越し苦労をしたりもします。

当然ストレスがたまります。ある意味では自分でストレスをつくっているようなものなのですが、そのストレスのためになかなか胃腸の調子もよくならないのです。

こういう人は何か楽しいことをすればいいのですが、胃腸の調子が悪いと楽しいことをする気にもなれないかもしれません。

でも、自分から積極的に楽しい活動をする気にはなれなくても、お笑い番組を見たり落語を聞いたりすることならできるでしょう。実は「笑い」は胃腸にいいのです。どうして笑いがいいのか、科学的に解明はなされていないのかもしれませんが、大いに笑って弱かった胃腸がすっかり丈夫になったという人はたくさんいます。

あなたの家族や友人で胃腸が弱くてつらい思いをしている人がいたら、次のようにいってあげましょう。「うちの課長が毎日落語を聞いていたら、いつの間にか胃が痛いのや下痢がすっかり治ったんだって」

健康・性格編

頭の老化防止

頭を使えば脳の若さが保てる

体力の衰えはもちろんのことですが、頭の老化は多くの人にとって不安の種です。

若いころだったら簡単に覚えられたことがなかなか覚えられない。物忘れが多くなった。そう感じ始めると、しだいに不安になってきます。なかにはこのままどんどん頭の働きが衰《おとろ》えていってしまうんじゃないかと恐怖感にさいなまれる人もいます。

よくいわれるように、頭の老化を防ぐには頭を使うことが必要です。新しいことを覚えようとする努力や物事を創意工夫して行なうことが欠かせません。

次の催眠暗示には脳を活性化させ、いつまでも脳の若さを保ち続けるという効果が期待できます。頭の老化が気になってきた人はぜひ行なってください。

私はいつも頭を活発に働かせている。
頭を使ってたくさんのことを学び、
頭を使っていろいろなことを考え、工夫している。
だから、私の脳はいつも元気で若々しい。

毎日いろいろなことが私の好奇心をかきたてる。
知らないこと、新しいことに触れると興味がどんどん湧いてくる。
私の脳が活性化して、俄然《がぜん》興味が湧《わ》いてくる。

私は好奇心の塊《かたまり》になってそれを知ろうとする。覚えようとする。

だから、頭を活発に働かせる。

テレビを観ていても、新聞を読んでいても、知らないことがあると私は放っておけない。

自分で調べたり、人に聞いたりして自分がわかるまで探究をやめない。

わかるとうれしいし、とても満足する。

そして、私の脳はますます元気になる。より若々しくなる。

何か作業をするときも、私は頭を活発に働かせる。

頭を使ってよく考える。

仕事（家事）でも、習い事でも、いろいろと工夫をこらし、よりうまくできるようにする。

だから、私の脳はさらに元気になる。

私の脳はいつも元気で若々しい。

そして、私にとって毎日は新鮮な驚きの連続だ。

脳が若いから、毎日が新鮮で喜びに溢《あふ》れている。

物忘れを気にする親を安心させる言葉

年を取れば誰でも多少の物忘れはするものです。それは病的なものではなく、自然なことです。

むしろ問題なのは、それを気にして気持ちがどんどん滅入っていくことです。そうなると行動も消極的になって老化が進み、いっそう物忘れもしやすくなります。老人のいる家庭では、こういう悪循環が起こらないように注意する必要があります。

あなたの親が物忘れをすることを気にし始めたら、次のような言葉をかけて安心させてあげてください。「大丈夫。年をとっても頭は使えば使うほどよくなるんだよ」

これでその気になってくれれば、実際に頭がよくなることはないかもしれませんが、できるだけいまの状態を保つことは十分可能になるでしょう。

健康・性格編

免疫力を高める

暗示によって免疫力が飛躍的に高まる

私たちは常に多くの細菌やウィルスたちに取り囲まれています。しかし、私たちが持っている免疫力のおかげでそう簡単には細菌やウィルスに屈することはありません。リンパ球などの白血球が細菌やウィルスを破壊したり食べてくれるのです。

　また、リンパ球のなかにはガン細胞をやっつけてくれるT細胞やナチュラルキラー細胞もあります。

　こうした免疫細胞の働きが私たちを外敵や内部の造反者から守ってくれるので、私たちは健康を維持していくことができるのです。

　免疫力は自然治癒力と同様に暗示によって高めることができます。自己催眠を行なうと、ストレスが解消されるので自然と免疫力も高まりますが、次の催眠暗示はあなたの免疫力を飛躍的に高めてくれるでしょう。

私の免疫力は非常に強力だ。どんな病原菌も私の免疫力にはかなわない。

ちっともカゼが治らない人にかけてあげる言葉

カゼをひいて何週間も経《た》つのに全然治らないことがあります。忙しくてろくに休めなかったり、相当ストレスがたまっていたりすると、治るものも治らなくなってしまうのです。それから、人によっては仕事にかこつけて毎晩遅くまで飲み歩いているということもあるかもしれません。

　いずれにしてもまさに不養生が招いた結果ですが、気をつけなければならないのは、こういうときはかなり免疫力が落ちているということです。

　カゼは万病のもとといいますが、免疫力が低下していれば、当然それ以上の重い病気になる危険性だってあるのです。たかがカゼなどと侮《あなど》ることはできません。

　このようにカゼを長引かせている人のなかには、責任感が強くて休みたくても休めないという人も多いはずです。また、もともとからだが丈夫で自分の体力に自

だから、私はいつもピンピンしているし、頑丈なからだを誇《ほこ》っている。

私の血液やリンパ液のなかにはいつもたくさんの免疫細胞が待機している。必要なだけの免疫細胞たちが私を病気から守るために待機してくれている。

そして、いざというときにその免疫細胞たちが、私の健康を守るために戦ってくれる。

もしもからだのなかに外敵が侵入してきたら、免疫細胞たちが駆《か》けつけて退治してくれる。

細菌やウィルスをたちどころにやっつけたり、食べてしまうのだ。

それは見事な仕事ぶりだ。

もしもからだのなかに私が必要としない異物が発生したら、やはり免疫細胞たちがやっつけてくれる。

徹底的に排除してくれる。

もしも緊急事態が起こったら、免疫細胞たちは必要な数だけ増員される。

そして、緊急事態は無事解消される。

本当に私の免疫力は強力だ。

非常に強力だ。だから、私はいつも安心だし、いつも元気そのものだ。

暗示文のなかにある「私が必要としない異物」とはガン細胞のことです。ガン細胞という言葉を使うと不安になる人も多いので、「異物」という言葉にしました。

信を持っていて、けっこう無理がきくという人もいるでしょう。その場合、自分の健康を過信しているわけですが、大事な健康を守るためにはその過信は禁物です。

こういう人に対しては、周囲の人間は何よりも本人が休めるように仕向けてあげることが大切です。あなたがこのような人の家族や友人だったら、また職場の上司や同僚だったらぜひ次のようにいってあげてください。「ゆっくり休めってことだよ。休めば免疫力も上がるよ」

健康・性格編

節酒する

自己暗示で適量でやめられるようにする

酒は百薬の長といわれますが、それは程度によりけりです。毎日のように深酒をしたり、浴びるほど飲んでいたら、「百害あって一利なし」になってしまいます。

しかし、酒好きの人にとってほどほどでやめるというのは、なかなか難しいことかもしれません。つい度を超してブレーキが利《き》かなくなってしまうという人も多いものです

そういう人には、自己催眠でブレーキをかけられるようにするのもひとつの手です。適量を飲んだら自然とそれ以上は飲みたくなくなるように自己暗示すればいいのです。

どうしても飲みすぎてしまうという人は、次の催眠暗示によって酒量をコントロールできるようにしてください。あなたにとってちょうどいい量でやめられるようになります。

私がアルコールを飲むときは、いつも適量でやめることができる。

私の心にもからだにもちょうどよい量でやめることができる。

私は適量で十分楽しむことができるし、満足できる。

私はそれ以上飲まないし、けっして飲みすぎることはない。

アルコールを飲むとき、いつも私の潜在意識が私を見張ってくれる。

潜在意識は、どれくらいの量が私にとって適量なのかを知っている。

そして、私が適量に達したら、いつも潜在意識がそれ以上は飲みたくなくなるように仕向けてくれる。

私が適量の範囲内で飲んでいるときは、とても心地よい状態でいられる。

心地よいほろ酔い気分が私を包み込んでくれる。

もし私がそれ以上飲んだら、せっかくのほろ酔い気分はだいなしになってしまう。心地よさはすっかり消えてしまうのだ。

それにからだの調子だって悪くなってしまう。

だいたい私は適量以上は飲みたくない。適量を超すと、とたんにアルコールの味が変わってくる。

少しもおいしくなくなるのだ。

私の潜在意識がおいしいと感じさせなくなるのだ。


私のアルコール・タイムはとてもいい時間だ。

そして、私の酒は「楽しい酒」だ。

なぜならば私が適量でやめることができるからだ。

適量でやめている私は毎日体調がいい。以前と違って全身にエネルギーに満ち溢《あふ》れ、とても快適だ。

私の酒はからだにいい酒だ。

私がアルコールを飲むときは、いつも適量しか飲まない。

適量に達したら、潜在意識がそれ以上は飲みたくなくなるように仕向けてくれる。

私はもうそれ以上は飲まないし、飲めない。

節酒したくてもできない家族にストップをかける言葉

あなたの家族にかなりの酒好きの人がいて、あなたとしてはもっと量を減らしてもらいたいと思っているのに、いうことをきいてくれなかったらどうしたらいいでしょう?

そういう人にはくどくどと文句がましくいっても効き目はありません。それよりも次のような交通安全の標語みたいな言葉を、家族全員ではやしたてるようにおもしろおかしくいってあげたほうが案外素直に聞いてくれます。これ以上は飲まないほうがいいと思ったら、すかさずみんなでいうのです。「もう一杯飲んだら最後、命取り」

健康・性格編

禁煙する

意志の力ではなく暗示の力でタバコをやめる

タバコをやめようと思って禁煙しても、すぐに挫折してしまったという人はけっこう多いものです。

禁煙するとき、ふつうは意志の力でやめようとします。つまり吸いたい気持ちをがまんして吸わないでいるのですが、たいがいの場合その意志の力は簡単に打ち破られてしまいます。一本くらい吸ってもいいだろうと誘惑に負け、結局はまた吸い続けることになるのです。

意志の力でやめるのではなく、自然と吸いたいという気持ちがなくなれば、禁煙は案外簡単にできるものです。自己催眠はそれを可能にしてくれます。次の催眠暗示には、タバコをやめたい人が意志の力を使わずに楽に禁煙できる力があります。いままで成功しなかった人もぜひ試してください。

喫煙は私にとってはもうすでに過去の習慣だ。

いまの私には関係ない。

いまの私はタバコを必要としないし、欲しくもない。タバコを見てもなんとも思わない。

以前の私は喫煙することで自分をリラックスさせようとしていた。

でも、いまの私はタバコに頼らずにリラックスすることができる。

なぜならば私は自己催眠がうまくできるからだ。私は何遍《なんべん》も催眠状態に入り、リラックスした感覚を自分のものにしている。

だから、ふだんから私は簡単にリラックスできるようになっている。

深呼吸をしたり、意識的にからだの力を抜くことで私は簡単にリラックスできる。それは喫煙するよりもずっと気持ちのいい方法だ。

タバコをやめて、私の肺はとてもきれいになっている。見違えるくらいきれいになっている。

そして、私は肺が広々として呼吸が楽になっているのを感じる。

それにタバコをやめて、私の胃はとても軽くなっている。以前だったら胃が重苦しかったのに、いまは軽くてスッキリとしている。

何よりも私のからだ全体が快適でとても調子がいい。

以前よりも食事もおいしく食べられるし、タバコをやめて私は健康的な生活を楽しんでいる。

それから、タバコをやめて私は自分の集中力がずっと増してきたのを感じている。

いろいろなことにとてもよく集中できるのだ。

タバコをやめて私は自分の好感度がアップしたのも感じている。

周囲の人々に対して私はとてもいい印象を与えられるようになっている。

タバコをやめた私は絶好調だ。

いま、私は健康で快適な毎日を大いに楽しんでいる。

禁煙できない人にはっぱをかける言葉

健康のためにタバコをやめたいと思っている人はたくさんいます。しかし、実際に禁煙に踏《ふ》みきるかというと、なかなか実行できない人も多いのです。自分が本当にタバコをやめられるのか自信が持てないからです。人間は自分ができそうもないことは初めからしたくないのです。

もしあなたの周囲に禁煙しようかどうしようか迷っている人がいたら、次の言葉ではっぱをかけてあげましょう。「あなたなら簡単に禁煙できると思うよ」

この言葉でその人は自信を持って禁煙にチャレンジできるでしょう。

健康・性格編

質のよい睡眠を取る

眠りに入る前の心とからだの状態が大切

睡眠は健康を守るうえでとても重要な要素です。よい睡眠ということを考えたとき、睡眠時間の長さとともにその質も大事です。

毎日何時間も眠っているのに全然疲れが取れないという人がいます。それは枕やベッドなど寝具に問題があって、睡眠の質を落としているのかもしれません。でも、ひょっとしたら眠りに入る前の心やからだの状態に原因があるかもしれません。

寝床に入ったときに、昼間の緊張や興奮をそのままにしておくと、なかなか寝つけないし、眠っても質のよい睡眠は取れません。

次の催眠暗示は緊張や神経の興奮を解消して良質な睡眠を取れるようにするためのものです。よい睡眠を取りたいという人やよく眠れないという人はぜひ試してみてください。

私は寝床に入ったとき、すぐにリラックスすることができる。体中の力を抜いてリラックスできる。

ちょうど私が催眠状態に入ったときと同じように、よけいな力を抜いてリラックスできる。

そして、呼吸が静かで穏《おだ》やかになり、心もとても穏やかになる。ゆったりとしたやすらかな気持ちになる。催眠状態と同じようにゆったりとしたやすらかな気持ちになる。

そして、私はしだいに無心になっていく。頭が空《から》っぽになり、何も考えなくなる。

やがて私は自然と眠りに入る。

深い眠りに入る。

それはとても質のよい眠りだ。

眠りにつく前に心やからだの緊張がほぐれているから、私は質のよい睡眠を取ることができるのだ。


私は朝までそのままよい眠りを取ることができる。心地よい質のよい睡眠を満喫することができる。

そして、私は爽《さわ》やかな朝を迎える。

目覚めたとき、前の日の疲れはすっかり取れている。心もからだもとてもリフレッシュしている。

私は質のよい睡眠を取ることができる。毎日私はよい眠りをたっぷり取ることができる。

寝つきが悪いと訴える家族を楽にさせる言葉

早く寝たいと思っているのになかなか寝つけないと非常にあせります。翌日のことを考えると眠らないと大変だと思い、このまま眠れなかったらどうしようと不安が募《つの》ってきます。そうなると神経が昂《たか》ぶるばかりで、ますます眠れなくなってしまいます。

このように眠れない夜というものは、とてもつらいものです。そして、それが毎晩続くようになると、その苦しさたるや言葉ではいい尽くせないものがあるでしょう。

そこまでいかなくても、寝つきが悪いために困っている人はたくさんいます。あなたの家族にも同じような人がいるかもしれません。

もし家族に寝つきの悪い人がいたら、まず早く眠らなければならないというあせりを取ってあげることが大切です。そのためには、あなたから次のようなことをいってあげてください。「眠ろうと思わないで、ただ自分の呼吸に意識を向けていればいいんだよ」

別に深い呼吸をするというのではなく、自分が自然に行なっている呼吸になんとなく意識を向けていると、だんだん気持ちが鎮《しず》まってきます。そして、いつの間にか眠気がやってきてそのまま眠りの世界に入っていくのです。

健康・性格編

マイナス思考をやめる

心配しなくてもいいことは心配しない

物事はプラス思考で考えたほうがいい結果につながることが多いものです。もちろん否定的な要素はまったく無視して、なんでもプラスに考えればいいというものではありません。心配すべきことは心配する必要があるし、その対策を講じなければなりません。

しかし、マイナス思考に陥《おちい》ってしまう人というのは、ほとんどが心配しなくてもいいことや、心配してもしかたのないことを心配してしまうのです。それはわざわざ自分で自分を苦しめるようなものです。

次の催眠暗示はマイナス思考に陥りそうになってもすぐやめられるようにするためのものです。いままでやめたくてもやめられなかったという人でも、これでマイナス思考から卒業できるでしょう。

マイナス思考というのは単なる癖《くせ》だ。
爪を噛んだり、頬杖《ほおづえ》をついたりするのと同じような単なる癖でしかない。
そして、癖だからやめられる。
私はマイナス思考からはすでに卒業している。
万が一マイナス思考をしそうになっても、私はすぐにやめることができる。
以前の癖が始まったなと思って、ピタッとやめることができる。

マイナス思考で考えることは、深刻そうに見えて実際はたいしたことではない。現実に起こる確率がほとんどないことを心配しているだけだ。
それをこの世の終わりみたいに心配するなんて実に滑稽《こっけい》だ。

もし心配して解決することだったら

私はちゃんと心配する。でも、心配してもどうにもならないことは心配しない。

仮に心配していることが起こったとしても、そのときはそのときでなんとかなるものだ。

人生で起こることは、どんなことでもなんとかなるものだ。

私はそのことがよくわかっている。

だから、私はマイナス思考はもうやめた。二度とはまらない。

マイナス思考をしても時間の無駄だ。

そんなことよりも私は楽しいことを考えるし、楽しいことを実行する。

マイナス思考がやめられない友人にアドバイスする言葉

マイナス思考をしやすい人は、本当は物事をプラスに考えたほうがいいということがわかっています。そのほうが人生が楽しいし、いろいろなことがうまくいきやすいということも知っています。

でも、長年の習慣でついマイナス思考をしてしまうのです。そして、いったんマイナス思考に陥《おちい》ると、すべてのことが否定的にしか考えられなくなり、どんどん泥沼にはまっていくばかりです。まさに負のスパイラルです。

こういうとき否定的な考えをスパッと断ち切ればいいのですが、なかなかそうはいきません。まず考えることをやめようとしても、すでに脳が考えるモードに入ってしまっているので、そこから抜けられないのです。

でも、ひとつだけ方法があります。それはからだを動かすことです。できれば少しハードな動きをしたほうがいいのです。たとえば、腕立て伏せのようにからだが疲れることをするのです。人間はからだが疲れると、あまりよけいなことは考えられなくなります。だから、マイナス思考に陥っても、からだを動かせば断ち切ることができるのです。

あなたの友人にマイナス思考がやめられないという人がいたら、次のようにアドバイスしてあげましょう。「悪いことを考えたらからだを動かすんだね。五分もしないうちに忘れるよ」

健康・性格編

幸福体質になる

外的条件ではなく心の持ちかたで幸せになる

幸せになれるのもなれないのも心の持ちかたしだいだ、とはよくいわれることとです。多くの人はそれが真実であると心のどこかで信じています。でも、実際にはお金がないから幸せになれないとか、恋人がいないから不幸せだ、と思ってしまうことがよくあるものです。

お金とか恋人などの外的条件ではなく、心の持ちかたひとつで幸せになれるとしたら、その人は幸福体質の持ち主です。そういう人はいまのところ少数派なのかもしれませんが、本当は誰でもなろうと思えばなれるのです。

次の催眠暗示は幸せを感じられない人や自分のことを不幸だと思っている人が、幸福体質になるためのものです。暗示の力を使えば、あなたも必ず幸福体質の持ち主になれます。

私は幸福体質の持ち主だ。
いつでもどこでも幸せになれる幸福体質の持ち主だ。
幸福体質だから私はどんなことにも幸せの種を見つける。
たとえほかの人ががっかりするような出来事のなかにも私は幸せの種を見つける。
そして、私は幸せになる。
朝起きたときに空がよく晴れていたら、私は晴れていて気持ちがいいなと思う。
もし雨が降っていたら、しっとりとして気持ちがいいなと思う。
晴れていても雨が降っていても、私

は幸せを感じる。

電車に乗って席が空いていたら、私は座れてラッキーと思う。

もし席が空いていなかったら、フィットネスができてラッキーと思う。

私がいつでもどこでも幸せの種を見つけるのは、幸せになれるのはいましかないと思うからだ。

私が幸せになれるのは過去でも未来でもない。幸せを感じられるのはいまという時間だけだ。

だから、私は何かができたら幸せになれるとか、何かが手に入ったら幸せになれる、なんて考えない。

私は幸せを先延ばしにはしない。

私はいまこの瞬間に幸せになる。

いつでもどこでも私はいまという時間に幸せになる。

いつも幸せの種を見つけて私は幸せになる。自分で自分を幸せにする。

「〜したら」、「〜すれば」式考え方をする友人にいう言葉

「彼（彼女）ができたら幸せになれるのに」とか、「お金持ちになれれば絶対に幸福になれるんだけど」というように、「〜したら」、「〜すれば」幸せになれるという考え方をする人がいます。

しかし、このような考え方をしているかぎり、残念ながらその人は幸せにはなれません。仮に願いどおりに彼（彼女）ができたり、お金持ちになったとしても、また別の願望を持ちだしてきて際限がないのです。

あなたの友人にそういう人がいたら、次のような言葉をいってあげるといいでしょう。「〇〇さんはいつも幸せそうに見えるよ」

あなたの言葉で友達はハッとするのではないでしょうか？　そして、「〜したら」、「〜すれば」幸せになれるという考え方からも卒業できるでしょう。

大らかな気持ちを持つ

キレる人は人生につまずく

最近キレる人が増えています。大人でも子どもでもちょっとしたことで簡単にキレる人が多くなっています。新聞やテレビのニュースを賑《にぎ》わす事件も、大半はキレてしまった人が関係しています。

事件にならなくても、キレていいことは何もありません。キレれば周囲の人もいやな思いをしますが、一番損するのは自分自身です。

もっと大らかな気持ちを持って行動すれば、人生につまずいたり、大事なものを失って後悔するようなことも減らせるはずです。とてももったいないことです。

自己催眠は大らかな心を養うのには格好の方法です。自分のことをキレやすいと思っている人は、ぜひ行なってください。きっと人生が変わってきます。

私はいつも大らかな気持ちを忘れない。大らかで穏《おだ》やかな気持ちを持って私は生活する。

キレやすい人に大らかな気持ちを持たせる言葉

キレやすい人は自分自身が損をするだけでなく、自分の大切な家族や恋人にまでつらい思いをさせてしまうことがあります。

たとえば、自分の子どもがキレやすく、しょっちゅういろいろなところでトラブルを起こしていたら、親としては毎日気が気でないでしょう。自分の夫(妻)がキレやすくトラブル・メーカーである場合も、妻(夫)は常にハラハラしていないといけません。

こういうキレやすい人に対して、家族はどのように対処したらいいのでしょうか? どうすればキレなくてすむようにしてあげられるのでしょうか?

キレやすい人のほとんどはキレることはいけないことだとわかっているものです。でも、カーッとなったときに自分では感情を抑えられないと思っています。だから、キレてしまうのはしかたのない

大らかな気持ちでいることは、自分にとっても他人にとってもプラスになる。

大らかな気持ちでいれば、自分自身が気分がいいし、周りの人たちも気分よくすごせる。

大らかな気持ちでいれば、大切な人間関係を壊さなくてもすむ。

大らかな気持ちでいれば、物事もうまく進んでいく。

だから、私はつまらないことでイライラしたり、癇癪《かんしゃく》を起こしたりはしない。

イライラしても癇癪を起こしても、自分が損するだけだ。

自分の価値を下げ、自分の評価を落とすだけだ。

もし私が人から不当なことをされたとしたら、私は冷静に対処する。

感情に任せて怒りを爆発させるのではなく、落ち着いて自分の気持ちを表現し、自分の立場を主張する。

感情的になっても何もいいことはないし、かえって状況を悪くするばかりだ。

そのときこそ私は大らかな気持ちを思いだす。

大らかな気持ちを持つことはとても大切だ。価値あることだ。

私は自分のために、自分の人生のために大らかな気持ちを忘れない。

ことだと思っているのです。

　しかし、まったく自分の感情を抑えられないかというと、そんなことはありません。練習すればどんなに感情が激しやすい人でも、うまく抑えることができるのです。それもきびしい訓練を必要とするのではなく、ユーモアを使えばけっこう簡単にできることなのです。

　あなたの家族や大切な人にキレやすい人がいたら、次のようなユーモアを使って自分を抑えることを教えてあげましょう。「腹が立ったら相手のちょっとまぬけな寝ぼけ顔を想像するんだよ」

小さいことにこだわらない

小さなことにこだわらなくなれば人生が楽しくなる

かつてリチャード・カールソンが書いた「小さいことにくよくよするな！」という本が大ヒットしました。それだけ人は小さなことにこだわってしまうということなのでしょう。

本当はこだわる必要もないことにこだわり続け、たくさんのエネルギーを消耗してしまうのは実に馬鹿馬鹿しいことです。こだわってしまうのは一種の心の癖《くせ》なのかもしれないし、そのことが取るに足らない小さなことだというのがわからないのかもしれません。

いずれにしても小さなことにこだわるのはもうやめにしたいものです。

次の催眠暗示を毎日繰り返し唱えていくと、小さなことにこだわる気持ちが消え、もっと余裕を持って毎日がすごせるようになります。きっと人生もずっと楽しくなるはずです。

人生にはとても重大なこともあれば、取るに足らない些細《ささい》なこともある。

以前の私はその些細なことにものすごくこだわっていた。

本当は気にする必要もない小さなことなのに、私はそれがとても重大なことのように思ってこだわっていた。

あれこれと心配したり、くよくよと後悔したり、落胆《らくたん》したり、怒ったりしていた。

それが重大なことだからこだわるのがあたりまえと思い、頭のなかをそのことでいっぱいにしていた。

それでエネルギーを使い果たし、疲

れ果てていた。

そして、自分の人生をつまらないものにしていた。


いま振り返ると、とても馬鹿げたことをやっていたものだ。

よくあれだけこだわり続けていたものだ。われながらあきれるし、笑ってしまう。


いまの私はもうそんな馬鹿げたことはしない。いまの私は小さなことにはこだわらない。

そのほうがずっと人生が楽しいし、物事もうまくいく。


もちろん人生には重大なこともいくつかあるが、そんなにたくさんあるわけではない。

むしろほとんどのことは取るに足らない些細《ささい》なことだ。こだわる必要もない小さなことだ。


いまの私は以前よりずっと賢くなっているから、そのことがよくわかっている。

たいがいのことは、みんなごく小さなことだ。


私は重大なことと小さなことの区別をつける目を持っている。

そして、小さなことにはこだわらない。取るに足らない些細なこととして片づける。

小さなことにこだわるのはやめて、私は人生を大いに楽しんでやる。

小さなことにこだわっている家族をハッとさせる言葉

どうでもいいことにこだわっている人をはたで見ていると、馬鹿馬鹿しくなったりしますが、それがいかに小さなことであるかを本人にわからせるのは、なかなか難しいものです。

しかし、その人の長い人生全体といった大きな視点から見させるようにしたら、案外そういう小さなことにこだわらなくなるかもしれません。あなたの家族に小さなことにこだわっている人がいたら、次の言葉をいってあげましょう。「あなた（おまえ）が墓場に入るときには、その問題はどうなっていると思う？」

健康・性格編

人前でも話せるようになる

練習すれば緊張を解けるようになる

人前で話すのはどうも苦手、という人はたくさんいます。そういう人は、大勢の人の前に立つと変に構えてしまい、過度に緊張してしまうのです。緊張しなければふつうに話せるのでしょうが、人前に出ると条件反射的に緊張してしまい、落ち着いて話せなくなってしまうのです。

しかし、緊張を解くことはそれほど難しいことではありません。ちょっとした方法で意外と簡単に緊張は取れるものです。もちろんそれには練習が必要です。次の催眠暗示と続いて行なうイメージングがそうです。

会議やプレゼンテーションでの発言や発表、パーティーでのスピーチなど、人前で話すことに不安や恐怖心を抱いていた人も、この催眠暗示とイメージングを行なうことでずっと楽に話せるようになります。

人前で話すことは別にたいしたことではない。私は大勢の人の前でも気楽に話すことができる。

構えることもなく、気楽に話すことができる。

私はすでに自己催眠をマスターして、いつでもどこでも簡単にリラックスできるようになっている。人前で話すときも、私はその場でリラックスできる。

話を始める前、まず私は肩を下げる。肩をいからせるのではなく、肩を下げて肩の力を抜いておく。そうするだけで私はリラックスする。

そして、私は自分の意識をおなかと腰のあたりに向ける。おなかと腰をなんとなく意識する。おなかと腰を意識していると、何かどっしりとした安定感を感じることができるからだ。

こうやって私はリラックスし、心とからだが安定した感覚を感じながら話を始める。

話すとき、私はふだんよりも口を大きく開けて話す。そして、ゆっくりと話をする。

口を大きく開けて話すと、声がよくでる。それも落ち着いた声をだせる。ゆっくり話していると、心に余裕が持て、自分のペースで話せる

肩を下げ、肩の力を抜く。

おなかと腰になんとなく意識を向ける。そして、口を大きく開けてゆっくりと話す。私のやることはただそれだけだ。

そうやって私は落ち着いて話をする。自分のペースで気楽に話をする。自分が考えていたことを自然な感じで話していくのだ。

人前で話すことはたいしたことではない。私は大勢の人の前でも気楽に話すことができる。

暗示を唱えたら、実際に人前で話をするイメージングを暗示文の内容に沿って行なってください。傍観者、当事者両方の視点で行ないましょう。

緊張している友人をリラックスさせる言葉

友人が人前でスピーチをするときに極度に緊張しているのを見たら、自分までつらくなるのではないでしょうか？

あなたが緊張しやすいという友人となにかのパーティに出席していて、これからその友人がスピーチをするというときに、どんなふうにいってあげたらいいでしょうか？　間違っても「緊張しないようにね」などといってはいけません。かえって緊張してしまいます。

そういうときは次のようにいってあげましょう。「ゆっくりしゃべることだけ心がければいいんだよ」

よく考える癖をつける

よく考えることで適切な行動が取れるようになる

世の中には慎重になりすぎて何も行動できなくなってしまう人がいます。その一方で、ろくに考えることをせず軽はずみな行動を取って取り返しのつかない失敗をしてしまう人もいます。

慎重になりすぎて行動できないのは困りものですが、よく考えて行動することはとても大切です。もちろんよく考えたから絶対失敗しないという保証はありませんが、考えないで行動するよりも適切な行動を取れる確率は高くなるでしょう。

ふだんあまり考えないで行動し、そのためについ失敗をしてしまうという人は次の催眠暗示を行なってください。そうすればもっと適切な判断や選択ができるようになり、失敗も少なくなるでしょう。よく考える人になることで人生もよくなります。

私には考える力がある。物事をよく考える力がある。いろいろな角度からじっくりと考える力がある。

よく考えることは人生や生活の質を高めることにつながる。だから、私は何をするときでもよく考える。

行動するときも、大事な決断や選択をするときも、そして人とのかかわりにおいても私はよく考える。

行動を起こすとき、私はその行動が自分にとってどんな意味があるのかをよく考える。また、その行動がどんな結果をもたらすのかを考える。だから、私は常に適切な行動をとることができる。重要な決断や選択を

迫られたとき、私は本当によく考える。心を静めてよく考える。心を静かにしていると、私の内なる智恵が答えを教えてくれる。だから、私は最良の選択をすることができる。

人とかかわるときも、私は考えることを忘れない。私は自分の言動が相手に与える影響を考えて相手とかかわる。

だから、いい形で相手とかかわることができるし、それができない相手とは自然と距離を置くようにする。

私には考える力がある。そして、何をするときでも私はよく考える。よく考えることは私の人生や生活の質を高めることにつながる。

考えないで行動してしまう友人に反省を促す言葉

よく考えないで行動すると、自分自身が大恥をかいてしまうことがあるし、ほかの人に大変な迷惑をかけてしまうこともあります。また、とんでもないミスをして信頼をなくしたり、大きな損失をこうむってしまったりもします。

物事をろくに考えないで行動してしまう人は、このような苦い経験を何遍《なんべん》も繰り返すものです。一度大きな失敗をすれば、自分でも何がいけなかったのか考えそうなものですが、どうもそういうところには目を向けないのか、同じような失敗を繰り返したりするのです。

こういう人には周囲の人がお説教をしても、あまり伝わらないことが多いものです。もっとよく考えて行動しなさい、といっても馬の耳に念仏なのかもしれません。だいたいよく考えることの意義や価値がわからないのかもしれません。

あなたの友人に思い当たるような人がいたら、直接その人によく考えるように言ったとしてもおそらく無駄になるでしょう。それよりも、誰か第三者で非常に思慮深く、そのためにいろいろなことがうまくいっている人の話を持ちだしたほうがよさそうです。たとえば、次のように話してみるのです。「○○さんってとても思慮深い人だよね。だから、なんでもうまくいくんだね」

健康・性格編

精神的に強くなる

強さの意味は人によって異なる

精神的な強さとは、いったいどのようなものでしょうか？　これは人によって強さに対するイメージが異なり、答えもさまざまでしょう。

忍耐力がある、粘り強い、がまん強い、打たれ強い、図太い、根性がある、たくましい、気が強い……。一見似ている言葉もありますが、やはり人によって受け止める意味は違ってくるでしょう。

次の催眠暗示は自分のことを精神的に弱いと思っている人がもっと強くなるための暗示です。ただしひとりひとりの人がイメージしている強さがすべて網羅《もうら》されているわけではありません。だから、暗示文を読んでみてもっとこうしたいと思う点があったら、自由に変えてください。そして、あなたがほしいと思っている強さを身につけてください。

私には精神的な強さがある。たくましく、しぶとく生きていく強さがある。その強さがあるから、私は自分で自分を支えていける。自分で自分を励まし、勇気づけ、前向きにがんばっていける。

困難や障害にぶつかっても、私はそこから逃げたりしない。私は粘り強く努力し、絶対に乗り越えていける。私にはそれだけのしぶとさがある。たとえ逆境に置かれても、私はよく耐え、必ず跳ね返してみせる。私にはそれだけの打たれ強さがある。

悲しいことやつらいことがあっても、私はいつか立ち直ってみせる。私にはそれだけのたくましさがある。たとえ大きな失敗をしても、私はいつまでも落ち込んでなんかいない。

私にはがむしゃらにやり直す図太さがある。

そして、いざとなれば私は戦いも辞さない。自分の権利や自分自身を守るために戦い抜いていく。

私にはそれだけの気迫がある。

私には精神的な強さがある。

しぶとさや、打たれ強さがある。

たくましさや、図太さがある。

そして、気迫もある。

だから、私は大丈夫だ。

どんな苦境に置かれても、私は大丈夫だし、力強く生きていける。

自分のことを弱い人間だと思っている友人にかけてあげる言葉

25ページでも述べたように、私たちはふだん無意識のうちにセルフ・イメージに従って行動します。だから、「自分は弱い人間だ」というセルフ・イメージを持っている人は、そのセルフ・イメージのとおりに弱い人間として生きていくことになります。

自分のことを弱い人間として見ているから、困難にぶつかるとすぐにそこから逃げだしてしまったり、悲しいことがあるといつまでも立ち直れなかったりするのです。

しかし、セルフ・イメージはけっして固定したものではありません。変えることもできるのです。もしもその人がセルフ・イメージを「自分は強い人間だ」というものに変えることができれば、もっと強い人間として生きていくことだって可能なのです。

あなたの友人のなかに、何かというと自分のことを「弱い人間だ」という人はいないでしょうか？　そういう友人がいたら、その人のセルフ・イメージを変えてあげられるといいのですが、あなたがいくら滔々《とうとう》とセルフ・イメージについて語ってもその人は聞く耳を持たないかもしれません。

そんなときは次のようにいってあげたほうが、あなたの思いもその人の心に届きやすいでしょう。「誰でも自分が思っているよりもずっと強いものだよ」

COLUMN V

姿勢や動作にもある暗示作用

私たちの心の状態はからだの姿勢に表われることがあります。たとえば、気持ちが沈んでいるときはついうつむきがちになることが多いものです。また、緊張していたり、何かに対して身構えているときは、無意識のうちに肩をいからせていたりします。

それから、心の状態は動作にも表われます。何かとても張り切っているときは、自然ときびきびとした動きをしているものです。反対に重たい気分で歩くときは、足取りも重くなるし、つい下を向きがちになったりします。

このように心の状態は姿勢や動作に影響するのですが、逆に姿勢や動作によって心の状態に影響をおよぼすこともできるのです。

たとえば、ほとんどの人が背筋をピンと伸ばすと何か気持ちがしゃきっとするのを感じたことがあるはずです。また、胸を張って大またでテンポよく歩くと、なぜか自分に自信を感じたことがある人もいるでしょう。

これを利用しない手はありません。ふだんからいい姿勢を心がけていれば、精神状態もよくなります。また、活気をだしたいときは、少し速足で歩くといいし、ゆったりとした気持ちでいたいときは、動作もゆったりとさせるのです。

そして、自己暗示を行なう際もその内容にふさわしい姿勢や動作を取るといいのです。自己催眠ではなく自己暗示なら、立って行なってもいいし、少し動きながら行なってもかまいません。

そのとき必ずしも力を抜く必要はありません。むしろ気持ちを高揚させたいときなどは、握りこぶしをつくってもいいし、腕を振ったりしながら暗示を唱えてもいいのです。ぜひ試してみてください。

出産育児・青少年編

PART 7

出産育児・青少年編

胎教をよくする

おかあさんが幸せな気持ちで毎日を楽しくすごすことが大切

丈夫で元気のいい赤ちゃんを産むには、胎教をよくすることが重要です。また、赤ちゃんが情操豊かな子に育つためにも、胎教をよくすることが欠かせません。

妊娠中におかあさんが特定の音楽を聞いていると、生まれてきた赤ちゃんもその音楽が好きになるといいます。だから、妊娠中はいい音楽を聞くことが大切だともいいます。

でも、それ以上に大切なのは、おかあさんが幸せな気持ちで毎日を楽しくすごすことです。そうすれば丈夫で元気な赤ちゃんが生まれてくるし、その赤ちゃんは情操豊かな子に育ちます。次の催眠暗示を毎日行なうと、非常に胎教がよくなります。そして、丈夫で元気な赤ちゃんが生まれてくるでしょう。しかもとても明るいいい子が生まれてきます。

私は赤ちゃんが生まれてくるのをとても楽しみにしている。

かわいらしい天使のような子が私の

胎教を気にしすぎる人を気楽にさせる言葉

胎教をよくすることはとても大切なことです。しかし、大切だからといってあまりにも胎教のことを気にしすぎるのはけっしてよいことではありません。

たとえば、生まれてくる赤ちゃんが情操豊かな子に育つようにと思って、おかあさんがクラシック音楽を聞くのはいいのですが、モーツァルトを聞かなくてはいけない、それにシュトラウスもシューマンも聞かなくてはいけない、などと欲張りすぎたら、ストレスになってしまいます。それはかえって胎教によくありません。

また、おかあさん自身は本当はポップスが好きなのに、それをがまんしてひたすら興味もないのにクラシックを聞くというのも好ましくありません。

それから、あれをしてはいけない、これをしてはいけない、というようにやたらと禁止事項をつくって窮屈《きゅうくつ》な生活を送

もとへやってくるに違いない。

毎日私は赤ちゃんに会える日を指折り数えて待っている。


赤ちゃんの顔、柔らかくてすべすべした肌、小さな手、声……想像しただけで楽しくなる。

私の手に赤ちゃんを抱きかかえたときの感触やぬくもり……考えただけでワクワクする。


私は毎日赤ちゃんにたくさん話しかけてあげる。そのとき私にはちゃんと赤ちゃんの返事が聞こえる。

私は歌もたくさん歌ってあげる。

私が歌うと赤ちゃんも一緒になってリズムを取ってくれる。

赤ちゃんは私のお話や歌をとても喜んでくれるし、私もとても楽しい。

それから、私は赤ちゃんに美しい音楽や楽しい音楽をたくさん聞かせてあげる。

それを聞いて赤ちゃんも私も幸せな気持ちになれるし、楽しくなれる。

私は赤ちゃんと一緒に楽しい毎日を送っている。私が楽しんでいると、赤ちゃんも楽しくなる。

私が幸せな気持ちでいると、赤ちゃんも幸せな気持ちになれる。

そして、楽しく幸せな気持ちでいると、赤ちゃんは丈夫で元気な子になれる。とても明るいいい子になれる。

私の赤ちゃんは丈夫で元気な子だ。

そして、とても明るいいい子だ。


るのも問題です。

　いちばんいいのは、おかあさんが大らかな気持ちで赤ちゃんの誕生を楽しみにしながら、毎日をのんびりと過ごすことです。胎教を気にしすぎたら、ちっとも大らかにはなれません。

　あなたの身近にあまりにも胎教を気にしすぎる人がいたら、ぜひ次のような言葉をかけて気楽にさせてあげましょう。

「赤ちゃんに会うのを楽しみに待っていれば、それが一番胎教にいいんだよ」

つわりの症状を和らげる

恐怖心を取り除けば症状も軽くなる

妊娠初期にはよく吐き気や嘔吐《おうと》などの症状が起こるものです。いわゆるつわりです。

つわりの症状は心の持ち方によって重くなったり軽くなったりすることがあります。昔から多くの女性が、妊娠するとつわりに悩まされるものだ、とさんざん聞かされています。実はこれが一種の暗示になって妊婦の心につわりに対する恐怖心を植えつけてしまいます。そして、恐怖心が強ければ強いほどつわりの症状もひどくなるのです。反対に恐怖心を取り除きさえすれば恐怖心からくるつわりの症状も軽くすることができます。

妊娠していることがわかったら、すぐに次の催眠暗示を行なってください。つわりに対する恐怖心を取り除くことができ、実際の症状も軽くなるので、楽に毎日をすごせます。

いま私のおなかには新しい命が宿っている。

私の赤ちゃんがおなかのなかで命の営みを始めたところだ。

そして、つわりは赤ちゃんの命の営みの表われだ。

もうすぐ私にもつわりがやってくるだろう。

つわりに対して不安や恐怖がないといったら嘘になる。

私のなかに「大丈夫かな？」という気持ちがあることはある。

だけど、私はあまり深刻には考えないことにする。

なんでもそうだけど、深刻に考えれば考えるほど大変になる。

でも、軽く考えれば、それほど大変なことにはならない。つわりだってそうだ。

たとえ吐き気や胸やけが起こっても、私はそんなにつらい思いをしなくてもすむ。

だから、私はつわりになっても大丈夫だ。赤ちゃんからのご挨拶《あいさつ》だと思えばいい。


つわりが始まったら、私はすぐに背中と腰に意識を向ける。

そして、心のなかで「背中と腰が温かい」とつぶやくことにする。

何回も何回も「背中と腰が温かい」と繰り返す。


そうすると本当に背中と腰が温かくなってくる。心地よい温かさが背中と腰を包んでくれる。

温かくなって私の心とからだはとてもほっこりとする。


そして、気がついたときにはつわりは治まっている。

あっという間に治まっている。

だから、私はほとんど吐き気も胸やけも感じない。

感じないうちにいつの間にかつわりは終わっている。

私が感じるのは、背中と腰の心地よい温かさだけかもしれない。

私が心のなかで「背中と腰が温かい」とつぶやいていると、つわりはあっという間に終わってしまう。

つわりを恐れる人を安心させる言葉

つわりのつらさは経験した人でないとわかりません。そして、経験者ならこれからつわりを初めて経験するという人に対して、つわりに対する過度の恐怖心を取り除いてあげることができます。

あなたがすでに妊娠・出産の経験があり、友人や姉妹など身近な人に妊娠したばかりという人がいたら、次のような言葉をいって安心させてあげましょう。「つわりが始まったら赤ちゃんが何か話したがっているんだって思うようにしたの。そう思うといつの間にか終わっちゃってるのよ」

陣痛を和らげる

自己催眠を練習すればお産はとても楽になる

おそらく多くの女性が、出産は痛くて苦しいもの、と思っているのではないでしょうか。しかし、つわりと同様に出産時の陣痛も自己催眠によって軽くすることができます。

まず妊娠がわかったら、できるだけ早い段階から自己催眠を練習するといいでしょう。催眠状態に入ってからだじゅうの力をすみやかに抜くことができるように練習するのです。

実際の出産場面でも脱力がうまくできれば、それだけでも陣痛は軽くなります。さらに練習を積み重ねていくと無感覚の状態さえつくれるようになり、より出産が楽になります。

次の催眠暗示を妊娠初期から続けていくと、出産時の陣痛を軽くすることができます。それに分娩に要する時間も短くなり、お産をとても楽なものにすることができます。

私は自己催眠がとてもうまくできるようになっている。

心のなかで「トランス」という言葉を五回唱えると、私はいつでもどこでも簡単に催眠状態に入れる。

いまのような気持ちのいい催眠状態に簡単に入ることができる。

トランス、トランス、トランス、トランス、トランス……こんなふうに「トランス」という言葉を五回心のなかでゆっくりと、そしてなんとなくぼんやりと繰り返しているだけで、私はいまのようなとても気持ちのいい催眠状態に入ることができる。それもとてもスムーズに簡単に入ることができる。

出産のときも、心のなかで「トランス」という言葉を五回唱えるだけで、私はその場で催眠状態に入ることができる。とても簡単に入ることができる。

私は穏《おだ》やかでやすらかな気持ちになり、いまのようにからだじゅうからよけいな力がどんどん抜けてくる。

背中や腰の力が抜け、肩や腕、脚《あし》の力も抜け、筋肉がゆるんでくる。

さらに胸やおなかの力まで抜けてきて、とてもからだが楽になる。

そして、力が抜け筋肉がゆるんでくると、その部分がだんだん無感覚になってくる。

からだのいろいろなところが無感覚になり、私のおなかや産道も自然と無感覚になる。

私の産道は楽に広がり、赤ちゃんも楽にそこを通ることができる。

私のからだは無感覚になっているから、私はただ穏やかでやすらかな気持ちで赤ちゃんの誕生を待つだけだ。

産道が楽に広がっているから、赤ちゃんはとても短い時間でそこを通り抜けることができる。

やがて私と赤ちゃんの幸せな出会いのときがやってくる。それは喜びに満ち溢《あふ》れた最高に幸せなひとときだ。

私は穏やかでやすらかな気持ちでそのときを待つことができる。

私にとって出産のときはとても穏やかでやすらかな時間だ。幸せな素晴らしい時間だ。

陣痛を心配する人を安心させる言葉

つわりと同じように陣痛は妊娠している人にとって心配の種です。しかし、つわりもそうですが、出産を経験したことのある人ならその心配を軽くしてあげることができるでしょう。

あなたの知っている人で初めての出産をとても不安に思っている人がいたら、経験者のあなたから次のようにいってあげましょう。きっとその人は陣痛に対する不安がだいぶ軽くなり安心することができることでしょう。「お産の間、赤ちゃんの顔とか性格を想像していたら、そんなに痛くなかったわ」

出産育児・青少年編

妊娠時の不安やイライラを解消する

不安やイライラがなければ胎教にもいい

妊娠すればどんなに楽天的な人でも不安になったりするものです。無事に子どもが生まれてくるのか、生まれてもちゃんと育てていけるのか、などといろいろなことを考えて不安になってしまいます。

また、妊娠中はつわり以外にも不眠、腰痛、めまい、便秘などからだに不快な症状が出てきて、イライラの種になったりします。

こういった不安やイライラはよくあることだし、自然なことなのですが、そうならないですむに越したことはありません。そのほうが胎教にもよくなります。

次の催眠暗示を行なえば、妊娠中の不安やイライラをうまく解消できるようになります。「胎教をよくする」の暗示（194ページ）と併せて行なうと効果も倍増するでしょう。

私は毎日を大らかな気持ちですごすようにしている。
不安やイライラを感じても、すぐに心を落ち着かせることができる。
自分で不安やイライラを解消することができる。
妊娠して不安になったり、イライラすることは珍しいことではない。
それは誰もが経験することだし、自然なことだ。
私だけそうなるわけじゃない。
妊娠して子どもを産むということは、女性にとってとても大きな出来事だ。
不安になったり、イライラしても不思議なことではない。

もし不安やイライラを感じたら、私はすぐに深呼吸をする。
静かでゆっくりとした深呼吸を何遍《なんべん》も繰り返す。
そうすると、私はとても落ち着いた穏やかな気持ちになってくる。
不安やイライラはいつの間にか消えている。

私は深呼吸をすることで不安やイライラをうまく解消することができる。
そして、それをしていると、不安になったりイライラすることも自然と少なくなってくる。
だから、私は毎日を大らかな気持ちですごすことができる。
安心して出産の日を迎えることができる。

妊娠中の娘の不安やイライラを解消してあげる言葉

妊娠中は何かと神経が過敏になり、ちょっとしたことでイライラしやすくなります。そして、夫や親兄弟など家族に当たり散らすといったこともよくあることです。

それから、おなかのなかにいる赤ちゃんの発育状況もとても気になることだし、出産までの毎日が不安との戦いになってもおかしくありません。

こういう不安やイライラがあまりにも強くなりすぎて、妊婦が過度の情緒不安定に陥《おちい》ってしまったら問題です。妊婦の強いストレスはおなかの赤ちゃんにも影響します。

このようなときに、妊婦の不安やイライラを受け止めて安心させてあげられるのは、なんといっても妊婦の母親です。なにしろ母親自身が妊娠・出産の大先輩なのですから、強力な味方になれるはずです。そして、自分の母親だからこそ娘も安心して甘えられます。

あなたが妊婦の母親だったら、どのようにして娘の不安やイライラを鎮《しず》めてあげるのでしょう？　次の言葉は娘の不安やイライラを解消して、もっと大らかな気持ちになれるようにするための言葉です。ひとつの参考にしてみてください。

「大らかな気持ちでいると、赤ちゃんもご機嫌だよ」

親になる自覚を持つ

親になる自覚を固めて覚悟を決めて子育てをする

妊娠中はできるだけ負担を軽くし、精神的にも肉体的にも安定した状態ですごしたいものです。また、出産も楽にすませることができるのであればそれに越したことはありません。

しかし、実際に子どもが生まれて子育てをする段になると、どうしたっていろいろと大変なことが出てきます。ただ単に子どもがかわいい、かわいいですまされるわけではありません。そのときにこんなはずではなかった、などということにならないように、父親になる人も母親になる人も親になる自覚を固めておく必要があります。

次の催眠暗示はこれから親になるという人がその自覚を持てるようにするためのものです。これを行なえば、しっかりと覚悟を決めて子育てに臨んでいけるようになるでしょう。


もうすぐ私は親になる。

新しい命の親になる。

親になれば親としての責任と義務が生じる。私はその責任と義務をきちんと果たしていく。

これから私は小さな命を守り育てていかねばならない。

それは生半可《なまはんか》な気持ちでできることではないし、大変なことだ。

いままでの甘えは捨てなければならないし、わがままも許されない。

でも、それはとてもやりがいのあることだ。大変だけれど、やりがいのある、そして価値あるものだ。

だから、私は自分の責任と義務をきちんと果たしていく。

親としての自覚を持ってやるべきことをやっていく。

私にはそれができる。ちゃんとやり通すことができる。
私は新しい命に最大限の愛情とエネルギーを注いでいく。
そして、その命をなんとしてでも守り抜いていく。小さな命が無事に健《すこ》やかに育っていけるように全力をつくす。
私はそのための努力を惜しまない。
それが私の責任であり、義務だから。
私はその責任と義務を喜んで果たしていく。親としての自覚を持って果たしていく。

親になる息子や娘に贈る言葉

「孫が生まれる」と聞いたとき、多くの人は自分が親になったときとはまた別の喜びを感じるのではないでしょうか？ 生まれてくる孫を自分の手で抱いてあげる日のことを思うと、とてもワクワクすることでしょう。そして、息子(娘)もいよいよ親になるんだと思うと、感慨《かんがい》もひとしおでしょう。

　しかし、その一方で果たして自分の息子(娘)が親としてちゃんとやっていけるんだろうかと、心配になったりすることもあるかもしれません。そういう親心が働くのは自然なことです。

　それに実際に息子(娘)がまだ新婚気分のままでいたりするのを見ると、本当に大丈夫なんだろうかと思ってしまうこともあるでしょう。

　あなたが親なら、父親(母親)として息子(娘)に「親になることはそんなに甘いもんじゃないぞ」とひとこといっておきたいと思うかもしれません。でも、これからパパ(ママ)になる喜びに浸っている息子(娘)を見ると、水を差すようでためらいを感じてしまうかもしれません。

　そこで次のようにさりげなく話をして息子(娘)が親になる自覚を持てるように仕向けたらどうでしょう。「親になるってわかったときほど、責任を感じたことはなかったよ」

　きっと息子(娘)も親になることの責任と重さを感じてくれるでしょう。

子どもを愛せる親になる

子どもへの愛情は子育てのなかで育てていくもの

世の中には子どもが欲しくてしかたないのにどうしても子宝に恵まれないという人がいます。その一方で、子どもが生まれてもわが子を愛せないという親もいます。

「親なのだから子どもに愛情を持つのが当然じゃないか」、「子どもを愛せないなんてけしからなん」という声が聞こえてきそうですが、親になったら自然と子どもに対する愛情が生まれてくるというのはどうやら真実ではなさそうです。むしろ子どもへの愛情は子育てのなかで少しずつ育てていくべきものなのかもしれません。

子どものことがかわいくない、子どもを愛せないということで悩んでいる人は次の催眠暗示を行なってください。あなたのなかに子どもに対する確かな愛情を育てていけるようになります。あなたも子どもを愛せるのです。

○○は私のことを心から信じてくれている。彼（彼女）**はいつも全面的に私のことを信頼してくれている。そして、安心して私に身をゆだね、私のことを頼りにしてくれている。彼**（彼女）**は私のことを愛してくれている。それも無条件に愛してくれている。無条件の愛を私に注ぎ、私を全身全霊で愛してくれる**（○○に子どもの名前を入れてください）。

私はそういう○○のことがとてもいとおしい。純真できれいな彼（彼女）**のハートがいじらしい。**

そして、彼（彼女）の信頼を絶対に裏切ってはならないと思う。

〇〇の私に対する愛情に応えてあげようと思う。

彼（彼女）が私を見つめる目を見ていると、どれだけ私のことを信じてくれているかがよくわかる。

彼（彼女）が私に向ける笑顔を見ていると、私のことが大好きだということがとてもよくわかる。

彼（彼女）のにおいを嗅《か》いでいると、私のなかに何か熱いものが込み上げてくる。そして、彼（彼女）を抱きしめると、心の底からいとおしいという感情が湧《わ》きあがってくる。

私は〇〇のことがとてもいとおしい。

〇〇のことがかわいいし、大好きだ。

彼（彼女）が私のことを無条件に愛してくれるように、私も彼（彼女）のことを無条件に愛している。

〇〇は私にとってかけがえのない存在だ。なくてはならない存在だ。

私は〇〇を心から愛している。

子どもへの愛情が薄い友人をハッとさせる言葉

子どものことがかわいくてしかたない、と思っている人にとって、わが子を愛せない人がいるということはなかなか信じられないことでしょう。しかし、残念なことですが、実際にそういう人はけっして少なくはありません。

もしあなたの友人がそうだったら、あなたはどうしますか？　友人の子どもに対する態度が冷たかったり、場合によっては子どもを邪険《じゃけん》に扱っているのを見たら、きっと胸が痛むことでしょう。

でも、いくら友人であっても、「もっと子どもに優しくしてあげたら」とは口にだせないものです。仮にいえたとしても、いい結果にはならないでしょう。そういうときは次のようにいってみたら、友人も何か気づいてくれるかもしれません。「子どもって私みたいなダメ親でも全面的に信頼してくれるんだよね」

出産育児・青少年編

育児をひとりで悩まない

経験者や仲間の知恵や力を借りることが大切

子育てをしていれば当然さまざまな問題が起きてきますが、そういう問題を自分ひとりで悩みだすと、つい悪いほう悪いほうへと考えて悲観的になりやすいものです。その結果、育児ノイローゼになって自分のことを責めたり、子どものことが憎らしくなってしまうことがあります。

子育てはもちろん親の責任ですが、ときにはほかの人の助けを借りることも必要です。自分ひとりでは対処できないようなときには、経験者や仲間の知恵や力を借りることが大切です。それはけっして恥ずかしいことではないし、子どものためにも必要なことです。現在子育て中の人、これから育児が始まるという人は次の催眠暗示を行なってください。育児をひとりで悩まないで、楽な気持ちで子育てができるようになります。

子どもを育てることは親の責任だ。私は子どもの親としてその責任を果たしていく。

ひとりで悩んでいる人をサポートする言葉

育児に悩みはつきないものです。特に子育てに関してさまざまな情報が入ってくるいまの時代は、ひと昔前よりも子育てをする人の悩みも多くなっています。

自分の育児のしかたは間違っているんじゃないか、うちの子は発達が遅れているんじゃないか、もっとほかに子どもにしてやらなくてはいけないことがあるんじゃないかと、次から次へと悩みが出てきます。情報がたくさん入ってくるぶん、迷いだしたらきりがないのです。

こういうことは、経験したことがある人ならよくわかるはずです。そして、あなたにもその経験があれば、あなたはその経験を生かしていま子育てで悩んでいる人の力になってあげることができるのです。

誰かに子育てのことで相談に乗ってもらいたい、大変なときには手助けしてほしい、と思っている人はたくさんいます。

そのために私はできるかぎりのことをするつもりだ。

そして、よい親になれるように努力もする。

でも、私にはできないこともあるし、わからないこともある。

経験不足でうまく対処できないことだってある。

そんなとき私はひとりで抱えこんだりしないし、ひとりで悩まない。

私はだれかに相談するし、助けを借りる。信頼できる人を見つけてその人の力を借りる。

人に相談することは恥ずかしいことではないし、自分の力がおよばないときはぜひそうするべきだ。

子どものためにそうするべきだし、それが子どもへの愛情だ。

だから、私は遠慮せずに人に相談する。この人だと思える人がいたら、率直に相談を持ちかける。

たとえその人がそれほど親しくない人でも、勇気をだして相談する。

私から心を開いていけば、その人も快く相談に乗ってくれるはずだ。

育児はひとりで悩んではいけない。

子どものことを大事に思うのだったら、人の力を借りるべきだ。それが親としての責任だ。

私は人のサポートを受けながら親として成長し、よい親になっていく。


でも、実際にはそう思うのは自分の甘えだとか、よその人に迷惑をかけてはいけない、と思って他人の力を借りることにためらいを感じている人が多いのも事実です。


　あなたの知っている人のなかに子育てのことで悩んでいるように見える人がいたら、次の言葉をかけてあげましょう。

そして、その人がほかの人の力を気軽に借りられるようにしてあげてください。

「私なんか自分ひとりじゃ何もできないから、もうみんなに迷惑をかけっぱなしだったよ」

出産育児・青少年編

大らかな気持ちで子どもと接する

子どもの健やかな成長のためには大らかな気持ちを持つことが大切

親にとって子どもはなかなかやっかいな存在です。静かにしてほしいと思っても、子どもは大声をだしたり騒いだりします。また、急いで行動してほしいと思っても、子どもがぐずぐずすることはよくあります。

こういうときにいつも親が子どもを抑えつけたり、感情的に激しく怒ってばかりいると、子どもが自信のない情緒不安定な子になってしまうことがあります。

子どもとつき合うときは大らかな気持ちを持つことが大切です。それが子どもの健《すこ》やかな成長につながるし、親の精神衛生にもいいからです。子どもに対してつい感情的に怒ってしまうという人は次の催眠暗示を行なってください。もっと大らかな気持ちで子どもに接することができるようになります。

子どもとすごすとき、私はいつも大らかな気持ちを忘れない。

大らかな気持ちで子どもに接し、大らかな気持ちで子どもを見守ってあげる。

よく子どもは騒いだり、大声をだしたり、キャーキャーいったりする。

そんなとき私はそれが子どもの仕事だということを思いだす。

子どもはそうやって成長していくのだ。そうすることが子どもには必要なのだ。

だから、子どもが騒いでも、大声をだしても、私は大らかな気持ちでいられる。キャーキャーいっても大ら

かな気持ちでいられる。

子どもがいたずらをしたときも、私は大らかな気持ちを忘れない。

いたずらすることも子どもの仕事だからだ。それも大切な仕事だからだ。

もちろん私はいけないことはいけないと子どもに教える。

でも、感情的になったりはしない。びしっと叱《しか》ったら、あとはさっぱりしている。

ときどき子どもはぐずぐずすることがある。私のいったことをすぐにはできないときがある。

そんなときも私は大らかな気持ちでいることができる。

子どもには子どものペースがあるからだ。私は子どものペースを尊重して、待ってあげられる。

ときには子どもは私をせかすことがある。そんなときも私は大らかな気持ちを忘れない。

子どもにはまだ大人の都合を考えることができないからだ。

私は優しく待つことを子どもに教えてあげる。

私はいつも大らかな気持ちで子どもとすごす。大らかな気持ちで子どもに接し、大らかな気持ちで子どもを見守ってあげる。

それが子どもの成長にとって大切なことだから。子どもが明るく元気に育つために必要なことだから。

すぐに子どもを叱りつける友人をなだめる言葉

あなたの友人がやたらと子どものことを叱《しか》りつけているのを見たら、あまりいい気持ちがしないのではないでしょうか。ささいなことに対してもカーッとなって大声でどなりつけているのを目にすると、何もそんなことまで叱らなくてもいいのに、と思ったりするでしょう。

そういう人には次のような言葉をいってなだめてください。友人の怒りも治まり、これからはもう少し穏《おだ》やかな気持ちで子どもに接するようになってくれるかもしれません。「子どもは宇宙人と思ったら間違いないよ」

子どもの個性を理解して伸ばす

どの子にも人格が存在し　その子だけの個性がある

子育てをするうえで忘れてはならないことがあります。それは子どもには子どもの個性があるということです。どんなに小さな子であっても、その子には独立した人格が存在し、その子だけの個性があります。

しかし、ともすると私たちはそのことを忘れてしまうことがあります。そのために子どもに無理なことをさせたり、子どもに合わないことをさせて、子どもを苦しめてしまうのです。場合によってはその結果、子どもをダメにしてしまうことだってあります。

次の催眠暗示は子どもの個性をよく理解し、それを十分伸ばしてあげられるような親になるためのものです。あなたの子どもが本当に生き生きとした人生を送り、幸せになれるようぜひ行なってみてください。

子どもには子どもの個性がある。
ほかのだれとも違う個性がある。
どの子もその個性を活かし、発揮するために生まれてきたのだ。
その子らしく生きて、幸せになるために生まれてきたのだ。

私の務めは子どもの個性を理解し、伸ばしてあげることだ。
子どもが自分らしい生き方をし、幸せになるのを手助けしてあげるのが私の役割だ。
だから、私は子どもの個性を尊重し、大切にしてあげる。
子どもの長所やよさを見つけ、それを大事にしてあげる。

子どもと私は違う。
お互いに別の個性を持った違う人間だ。親子であっても違う人間だ。
だから、私は自分の好みや期待を子

どもに押しつけたりはしない。

私好みの人間に育てようとも思わないし、私と同じような人間にしようとも思わない。

そんなことをしても子どもは幸せにはなれない。

私にはそれがよくわかっている。

私にできることは、そして私がすべきことは、子どもの個性を見抜き、それを最大限伸ばしてあげることだ。


私はよその子と自分の子どもを比べたりもしない。

よその子と私の子どもは違う人間だ。

私の子どもはほかのどの子とも違うし、別の個性を持っている。

能力も違うし、性格も違う。

好きなことも違うし、ものの感じかたも違っている。

だから、私はよその子と同じでなくちゃいけない、とは考えない。

よその子と違っていていいし、違っていて当然だ。

私の子どもにはまだまだ私の知らないいいところがいっぱいある。

私はそれを見つけてあげる。そして、それを伸ばしてあげる。

子どもの個性をよく理解し、それをできるだけ伸ばしてあげる。

それが親としての私の務めだ。私の役割だ。私は子どものために、子どもの幸せのためにそれを実行する。

子どもの個性を無視する友人をハッとさせる言葉

子どもの個性を無視してたくさんの習い事を子どもにさせる親がいます。子どもが喜んでやっているのならいいのですが、そうでないなら問題です。

あなたの友人が子どもの個性を考えないで子どもがやりたくもないことを強制しているとき、「子どもはイヤがっているんじゃないの？」といっても、聞く耳は持ってくれないでしょう。そういうときは、次のような言葉をいってあげましょう。「子どもが本当に好きなことをやっているとき、目がキラキラしているんだよね」

子どもの話に耳を傾ける

子どもの話に耳を傾けないと子どもは話をしなくなる

子どもが中学生や高校生になると自分から親に話をしてくることはだいぶ少なくなります。でも、小学生くらいだと何かにつけよく話をしてくるものです。もちろん無口であまりしゃべらない子もいますが、そういう子でも親に話を聞いてもらいたいという気持ちは持っています。

子どもが話しかけてきたとき、それをじっくりと聞いてあげることが大切です。適当に聞き流したりうるさがったりしていると、子どもはしだいに話をしなくなってしまいます。

次の催眠暗示は、あなたが聞き上手になって子どもの話によく耳を傾けてあげられるようにするためのものです。いま子どもの話をちゃんと聞いてあげれば、やがてやってくる思春期もうまく乗り越えられます。ぜひ実行してみてください。

子どもと話す時間はとても大切な時間だ。子どもにとっても私にとっても大切な時間だ。

だから、子どもが話しかけてきたとき、私はじっと話に耳を傾ける。

子どもの話をよく聞いてあげる。

そのとき私は子どもの気持ちになって話を聞いてあげる。

子どもと一緒になっておもしろがったり、喜んだりする。

子どもと一緒になって悲しんだり、悔《くや》しがったりする。

子どもの気持ちになって話を聞いてあげると、子どもは安心するし、話してよかったと思ってくれる。

そして、もっともっと話してくれる。

私も子どもの気持ちがよくわかるからうれしい。子どもが何を感じているのか、何を考えているのかがよくわかるからうれしい。


自分の気持ちをわかってもらえるだけで人は元気になれる。

子供もそうだ。

だから、私はどんなに忙しくても子どもの話をよく聞くことにする。

子どもが私に伝えたいこと、聞いて欲しいことにじっと耳を傾ける。

それはものを買い与えてあげることよりもずっと大切なことだ。ずっと子どもの心に残ることだ。

私は子どもの話に耳を傾ける。

子どもの話を聞こうとしない夫（妻）にかける言葉

子どもは自分が話したいと思っているときに、親がちゃんと話を聞いてくれないととても傷つきます。自分のことを無視されたように感じてしまうのです。子どもによっては自分は愛されていない、と思ってしまうことだってあります。

だから、子どもの話はよく聞いてあげなければいけません。でも、うるさがってろくに話を聞こうとしなかったり、忙しいことを理由にして「あとにして」といって結局は聞かずじまいにしてしまう親もたくさんいます。

ところで、あなたは自分は子どもの話をよく聞いてあげているけど、夫（妻）のほうは子どもの話に耳を傾けようとしない、と不満に思っているかもしれません。もしそうだとしたら、このままでは子どもにとってよくないと思っているはずです。

こういう場合、「もっと子どもの話を聞いてあげて」といっても、夫（妻）は「疲れていてそんな余裕はない」とか、「忙しいからしかたない」といって逃げてしまうかもしれません。でも、次のような言葉をかけると、夫（妻）の心にも響くのではないでしょうか。「お父さん（お母さん）は僕（私）の話を真剣に聞いてくれた、という思いはずっと心に残っていくと思うよ」

親としての一貫性を持つ

叱るときはきびしく叱り 誉めるときは心から誉める

中学生や高校生になれば子どもは何かと口答えをしたり、親の気に食わないことを平気でやったりします。それに対して親としては叱《しか》らないわけにはいきませんが、そのとき自分なりの基準を持っていることが大切です。これは絶対にダメとか、これはいいといった基準をはっきりさせておくことです。そして、その基準を親自身が守ることが大事です。つまり一貫性を持つということです。

それから叱るばかりで誉《ほめ》めることをしなかったら子どもも嫌《いや》になるばかりです。だから、誉めることも忘れてはいけません。

反抗期の子どもに手を焼いているという人は次の催眠暗示を行なってください。一貫性を持って叱るときはきびしく叱り、誉めるときは心から誉めることができる親になれます。

子どもに対して私は親としての一貫性を大事にする。

子どもを叱るときも、私は必ず一貫性のある叱り方をする。だから、自分の気分で叱ったりしないし、そのときによっていうことが変わったりするようなこともしない。

私は日ごろから子どもにしていいことと、いけないことの区別をはっきりさせておく。

そして、これは絶対に許せないということは子どもにわからせておく。

もし子どもがそれを守らなかったら私はきびしく叱る。

たとえ子どもがうるさがっても私は絶対にあとに引かない。

そうすれば子どももうるさいと思っても、内心わかってくれるはずだ。

もちろん私はガミガミいうだけの親

にはならない。
子どもがいいことをすれば誉めることを忘れない。たとえ中学生(高校生)でも誉められればうれしいものだ。
だから、私はふだんから子どものことをよく見ていい点を誉めてあげる。
私はいいことはいいというし、悪いことは悪いという。そして、子どもを叱ることにも誉めることにも常に一貫性を持つ。
一貫性を持って子どもに接していれば、私の思いは子どもに通じる。うるさくても自分のことを見てくれているとわかってもらえるはずだ。

子どもを叱れない夫(妻)にかける言葉

反抗期の子どもに対して子どもの反抗を恐れるあまり、子どもが悪いことをしても何もいわない親がいます。子どもを叱《しか》れない親です。

そういう親は以前に子どもを叱ったときに、ものすごく反抗され、罵倒《ばとう》されたり悪態をつかれたりして、こりごりしてしまったのかもしれません。

できるだけ子どもとの軋轢《あつれき》は避けたいと思うのは、人情としてわからなくもありませんが、一〇代の子どもとすごす何年間かは親子のバトルは避けて通れるものではありません。

あなたの家庭では、あなたも夫(妻)も叱るべきときに子どもを叱っているでしょうか? あなたは必要なときにはちゃんと叱っているのに、夫(妻)は何もいわないということはありませんか? もしそうならば、夫(妻)は叱らないのではなく、叱れないのかもしれません。

あなたから見てどうもそういう気がしたら、次の言葉をかけて子どもをきちんと叱れる親になってもらいましょう。筋が通っていれば、子どもだってそんなに反抗するものではない、ということをわかってもらうのです。「きびしくても一本筋が通っていればわかってくれるよ」

そして、次のようにもいって夫(妻)をあと押ししてあげましょう。「いま悪いところを直しておいたほうが、子どもにとっても幸せだよ」

子どもと一緒に成長する親になる

親も成長途中の人間だ

だれもが完璧な人にはなれないし、完璧な親にもなれません。だから、自分が人間として、また親としていつでも絶対に正しいなどということはできません。子どものほうが正しいことだっていくらでもあるのです。

親にとって、子どもが思春期を迎え青年期に至るまでの年月は非常に葛藤の多くなる時期です。子どもから批判されたり、自分の生き方や価値観を根底から揺さぶられたりもします。そのとき大切なことは、自分をすでに出来上がった人間として見るのではなく、まだ成長途中の人間としてとらえることです。そして、子供と一緒に成長する気持ちを持つことです。これは難しいことかもしれませんが、子どものためにも自分のためにも必要なことです。次の催眠暗示はその一助となるでしょう。

私は完璧な人間ではないし、完璧な親でもない。

だから、人間として間違いも犯すし、失敗もする。親としても子どもに間違ったことをしたり、間違ったことをいったりもする。

私は常にそのことを肝《きも》に銘《めい》じて子どもとかかわっていく。

いま、子どもは少しずつ自我を確立し、一歩一歩大人になっていこうとしている。私とぶつかるのはその表われだ。

子どもとのぶつかり合いのなかで、私自身の生き方や価値観が問われることもある。

人間としてのあり方を問い直されたりもする。

そのとき私は謙虚な気持ちで自分を見つめ直す。

絶対に自分が正しいなんて思わない。

改める必要があることは改めていく。

人間として、親として至らない点は直していく。

それは私自身が子どもと一緒に成長していくということだ。

子どもとかかわっていると、いままで見えなかったことに気づかされることもあるだろう。

考え方を変えないといけないこともあるだろう。そのとき私はそれを素直に受け入れる。けっしてこれまでのやり方に固執しない。

私は子どもと一緒に成長していく。

人間として、親として成長していく。

子どものためにも、自分自身のためにも私は自分を成長させていく。

反抗期の子どもに手を焼く友人に言ってあげる言葉

ちょっと注意しただけで怒りだす。ふてくされて口をきかなくなる。あげくの果てに「あんたなんか親とも思わない」とか、「誰が生んでくれっていった？」と罵倒《ばとう》される。反抗期の子どもがいる家庭ではこうしたやり取りがしょっちゅう行なわれているのではないでしょうか。

こんなことはあたりまえのことだ、と思えればいいのでしょうが、ぼろくそにいわれるほうの親としては精神的にまいってしまうことだってあります。

あなたの友人が反抗期の子どもに手を焼いてだいぶこたえているようだったら、自分も経験者として共感しながらよく話を聞いてあげてください。そして、次のようにいってあげましょう。「よく親は子どもに育てられる、っていうけど本当だよね」、「反抗期もいつか終わるものだよ」

出産育児・青少年編

過干渉にならない

子どもが自立していけるようにすることが親の務め

中学生や高校生のいる家庭では、親が子どもに干渉《かんしょう》しすぎて子どもから反発されてしまうということがよくあります。ところが、最近は成人した子どもに対して必要以上に干渉してしまう親が増えているようです。

そういう家庭では、子どものほうでも親の干渉を受け入れてしまっている節が見られます。子ども自身が干渉されることをうるさがるどころか、むしろそれが楽だと感じているのです。これは好ましいことではありません。

成人した子どもを持つ人で思い当たる点がある人は、次の催眠暗示を行なってください。いままでの過干渉や過保護をやめる勇気が持てるようになります。子どもができるだけ早く自立していけるように仕向けることがあなたの務めなのです。

○○はもう大人だし、自分の力で生きていける。
○○はいろいろなことを自分でやっ

子どもに干渉しすぎる友人にいってあげる言葉

成人した子どもに対して何かと世話を焼いたり、子どものやることに口出ししたりする親は、それが親として当然のことだと思っています。子どものためにいろいろとやってあげたり、心を砕いてあげることが親の務めであり、いいことだと思っているのです。

だから、他人がそれはおかしいとか、子どものためにならない、と忠告しても受け入れられないし、下手にそんなことをいったら怒りだしてしまうかもしれません。いまのまま子どもに干渉し続けていったら子どもが自立できなくなってしまう、ということには考えがおよばないのです。

もしあなたの友人にこのような人がいたら、困ったことだな、と思うのではないでしょうか？　そして、このままではいつか大変なことになるかもしれない、と危惧《きぐ》を抱いているかもしれません。

ていけるし、私も〇〇のことは〇〇自身に任せることにする。


もちろん〇〇には私から見てまだ不十分なところはある。

だから、私は必要なことは口を挟《はさ》むけれど、必要最低限のことしかいわない。それ以上のことはいわない。


以前の私だったら必要以上のことまで口をだしていたかもしれない。

でも、いまの私は本当に必要なことしかいわない。

もう干渉のしすぎはやめる。

もしそれをしたら〇〇のためにならないし、〇〇にとっては迷惑なだけだ。だから、私はもうよけいな干渉はしない。


私は〇〇に対して世話の焼きすぎもやめる。

〇〇が自分でできることは〇〇にやらせる。〇〇が頼んできても私は引き受けない。

それが〇〇のためになるのだから、私はやらない。


〇〇は大人だ。

私は〇〇をひとりの大人として接することにする。

大人と子どもではなく、大人同士として私は〇〇とかかわっていく。

それはいままでとは違うけれど、また別の味わいのあるいい関係だ。

私は〇〇のことを信頼する。

自分の力でやっていける一個の大人として〇〇を信頼する。


こういう人に対しては、あなた自身の体験も交《まじ》えながら次のようなことをいってあげましょう。「親がいいと思ってやってあげたことでも、子どものためにならないことっていっぱいあるのよね」

こんなふうに切りだしてから、自分が子どもに干渉しすぎて失敗したという話もしてみるといいでしょう。そして、もうひとこと次のようにいってあげるのです。「子どもに自分で考える力をつけさせることは大切だよね」

出産育児・青少年編

上手に子離れをする

親がつらそうにしていたら子どもも安心して巣立てない

成人した子どもを持つ親にとって子離れは超えなければならない関門です。子どもは親離れしているのに、親のほうがなかなか子離れができずにいるという家庭も多いのではないでしょうか。

いままで愛情をかけて育ててきた子どもが自立していくことはめでたいことなのですが、やはり子どもが自分のもとを離れていくことは親にとっては寂しいことであるに違いありません。しかし、親がつらそうにしていたら子どものほうも安心して巣立っていけなくなってしまいます。

子離れがうまくできずに苦しんでいる人は、次の催眠暗示を行なってください。きっと気持ちに変化が起きるはずです。子どもの自立を心から喜び、今度は自分の人生をいきいきと生きていけるようになります。

いま、私は人生の新しいステージを迎えようとしている。

子どもから手が離れ、私の新しい人生が始まろうとしているのだ。

子どもは自立し、すでに自分の道を歩き始めている。

独立した人間として、自分の力で自分の人生を生きていこうとしている。

私は親としてやることをやってきたし、自分ができるかぎりのことを子どもにしてあげた。

だからこそ子どもはひとり立ちできたのだ。

私はそのことに誇《ほこ》りを持っている

し、自分でも満足している。

私は自分の子育ては間違っていなかったと胸を張っていうことができる。


子どもが私の力を必要としなくなることは、寂しくないわけではない。

でも、それは大事なことだし、そうならなければいけないことだ。

もしいつまでも子どもがひとり立ちできないでいたとしたら、それはとても恐ろしいことだ。

だから、ひとり立ちできてよかったし、もう安心だ。


これからが私の人生だ。

本当の私の人生だ。

私は自分の生きたいように生きていいし、やりたいことをやっていい。

だれに遠慮することなくやりたいことをやっていい。


これからの人生は子育てが成功したことへのご褒美《ほうび》だ。

私はご褒美として自分に与えられた時間を大切にする。

自分のやりたいことを見つけ、それをどんどんやっていく。そう思うとワクワクする。ウキウキしてくる。

親としての役目が終わったわけではない。これからだって私が出動しなければならないときがあるだろう。

でも、それは子どもが必要としたときのことだ。

私は自分の人生を生きていく。

私自身の素敵な人生を生きていく。

子どもが自立して寂しがっている友人にかけてあげる言葉

子どもが独立してくれてようやく楽になれた、という人もいるでしょうが、逆に子どもが自立したとたんに落ち込んでしまい、うつうつとした毎日をすごすようになる人がいます。これは、それだけその人が子どものためにエネルギーを注いできたということなのです。

あなたの友人で子どもが自立して寂しがったり落ち込んでいる人がいたら、次の言葉をかけてあげましょう。きっと気持ちも変わるはずです。「ひとり立ちしてくれたっていうことは、あなたの子育てが大成功だったということよ」

おわりに

本書では全編合わせて90の項目について、具体的な自己催眠の方法を紹介してあります。これだけたくさんの自己催眠の方法を詳しく取り上げたのは、本書が初めてではないかと思います。きっと多くの読者の皆さんのニーズにお応えできる本になったのではないかと密かに自負しています。

そして、読者の方が家族や恋人、友人、さらに職場の部下や後輩など身近な人にいってあげるための他者暗示の言葉もやはり90の項目について紹介してあります。これを利用していただければ、きっと周囲の方にもたくさんの元気やパワーをあげることができると思います。

本書は実際に使っていただいて初めて価値の出てくる本です。ですから読まれたあとに、ぜひご自分に合った自己催眠の方法を選んで、毎日のように実践していただけたらと思います。初めのうちは催眠状態の感覚がよくつかめないという人もいるかもしれませんが、あせらずに気長に練習してください。続けていけば、だんだん感覚がつかめてきます。

また、暗示文を覚えるのが大変だという方もあるかもしれませんが、必ずしも一字一句間違えずに覚えないといけないというものではありません。だいたいの流れをつかんで目的に合った言葉を使っていけばいいのです。そして、ご自分のフィーリングにぴったりする言葉に変えていただいてもいっこうにかまいません。

どうぞ本書で紹介した自己催眠と他者暗示を大いに活用していただいて、ご自身もまた周囲の方もよりよい毎日を送っていただきたいと切に願っています。

最後に本書を刊行するにあたり、企画・編集に協力してくださったプラーナ代表の今野靖子様、出版にご尽力いただいたナツメ出版企画の編集長、甲斐健一様に紙上を借りて心より感謝の念を申し上げます。

池袋YM心理センター代表　武藤安隆

参考文献

●「自己暗示」C・H・ブルックス、エミール・クーエ著　河野徹訳　法政大学出版局

●「自分をとりもどす魔法の言葉　ひとりでできる催眠セラピー」
ヴァレリー・オースティン著　あさりみちこ訳　徳間書店

●「願いがかなう　クイック自己催眠」
フォーブズ・R・ブレア著　大田直子訳　KK ベストセラーズ

●「小さいことにくよくよするな！」
リチャード・カールソン著　小沢瑞穂訳　サンマーク出版

●「自分を動かす　自己イメージによる成功の心理学」
マクスウェル・マルツ著　小圷 弘訳　知道出版

●「催眠法の実際」斎藤稔正著　創元社

●「催眠技法の事典」加藤隆吉・高木重朗編　東京堂出版

●「心理臨床大事典」
氏原 寛・小川捷之・東山紘久・村瀬孝雄・山中康裕［共編］　培風館

●「心理学辞典」中島義明・安藤清志・子安増生・坂野雄二・繁桝算男・立花政夫・箱田裕司［編集］　有斐閣

著者略歴

武藤安隆《むとうやすたか》—1952年東京都生まれ。東京教育大学（現、筑波大学）教育学部卒業。東京都葛飾区立新宿中学校教諭（国語科）を経て、1989年池袋YM心理センター開設。催眠療法を中心とした心理療法と、催眠指導者の養成を行なっている。主な著書に『催眠術完全マニュアル』『完全マスター催眠術』『こわいほどよく当たる夢占い事典』（いずれも日本文芸社）、『図解雑学　催眠』『自己催眠』『人生が楽しくなる105の魔法の言葉』（いずれもナツメ社）などがある。

●池袋YM心理センター
TEL 03-3982-0452　http://www.ymshinri.com/

編集協力● PRANA 今野靖子
イラスト● MS企画 鵜飼栄子
編集担当●ナツメ出版企画 田丸智子

潜在意識に効く！ **催眠療法**

2006年11月6日発行

著　者　武藤安隆
発行者　田村正隆

発行所　株式会社ナツメ社
東京都千代田区神田神保町1-52　加州ビル2F（〒101-0051）
電話　03(3291)1257(代表)　FAX　03(3291)5761
振替　00130-1-58661

制　作　ナツメ出版企画株式会社
東京都千代田区神田神保町1-52　加州ビル3F（〒101-0051）
電話　03(3295)3921(代表)

印刷所　東京書籍印刷株式会社

ISBN4-8163-4236-2
Printed in Japan
（定価はカバーに表示してあります）
（落丁・乱丁本はお取り替えします）